泉州文庫

選堂題

（明）蔡道憲 著

陳茗 點校

蔡忠烈公遺集

泉州文庫整理出版委員會

商務印書館

前　言

泉州建制一千三百多年，爲中國歷史文化名城和古代海外交通的重要港口。"比屋弦誦，人文爲閩最"，素稱海濱鄒魯、文獻之邦。代有經邦緯國、出類拔萃之才，歐陽詹、曾公亮、蘇頌、蔡清、王慎中、俞大猷、李贄、鄭成功、李光地等一大批傑出人物留下了大量具有歷史、文學、藝術、哲學、軍事、經濟價值的文化遺産。據不完全統計，見載於史籍的著作家有一千四百二十六人，著作多達三千七百三十九種，其中唐五代二十九人三十二種，宋代二百人三百九十一種，元代二十一人四十種，明代五百三十六人一千五百八十五種，清代六百四十人一千六百九十一種；收入《四庫全書》一百一十五家一百六十四種，《四庫全書存目叢書》五十六家七十四種，《續修四庫全書》十四家十七種。二〇〇八年國務院頒布第一批國家珍貴古籍名録，屬泉人著述、出版者十三種。

遺憾的是，雖然泉州典籍贍富，每一時代都有一批重要著作相繼問世，但歷經歲月淘汰、劫難摧殘，加上庋藏環境不良，遺存至今十無二三，多成珍籍孤本。這些文化遺産，是歷史的見證，是泉州人民同時也是中華民族的寶貴文化財富，亟待搶救保護，古爲今用。

對泉州地方文獻的搜集與整理，最早有南宋嘉定年間的《清源文集》十卷，明萬曆二十五年《清源文獻》十八卷繼出，入清則有《清源文獻纂續合編》三十六卷問世。這些文獻彙編，或已佚失，或存本極少。二十世紀四十年代，泉州成立"晋江文獻整理委員會"，準備整理出版歷代泉人著作，因經費短缺未果。八十年代，地方文史界發起研究"泉州學"，再次計劃編輯地方文獻叢書，可惜後來也因爲各種條件的限制，其事遂寢。但是這兩次努力，爲地方文獻叢書的整理出版做了準備，留下了珍貴的文獻資料和書目彙編。

二〇〇五年三月，中共泉州市委、泉州市政府決定將地方文獻叢書出版工作列爲國民經濟和社會發展第十一個五年規劃的一項文化工程。翌年,正式成立"泉州地方典籍《泉州文庫》整理出版委員會",着手對分散庋藏於全國各大圖書館及民間的古籍進行調查搜集,整理出《泉州文庫備考書目》二百六十七家六百一十四種,以後又陸續檢索出遺漏書目近百家一百八十餘種。經過省内外專家學者多次論證,最後篩選出一百五十部二百五十餘種著作,組成一套有一定規模、自成體系、比較完整,可以概括泉人著作風貌、反映泉州千餘年文化發展脉絡的地方文獻叢書,取名《泉州文庫》,二〇一一年起陸續出版發行。

整理出版《泉州文庫》的宗旨是:遵循國家的文化方針政策,保護和利用珍貴文獻典籍,以期繼承發揚中華民族優秀文化傳統,增進民族團結,維護國家統一,提高民族自信心和凝聚力,加强社會主義核心價值體系建設,增强文化軟實力,爲泉州的物質文明和精神文明建設服務。

《泉州文庫》始唐迄清,原著點校,收録標準着眼於學術性、科學性、文學性、地域性、原創性、權威性,具有全國重要影響和著名歷史人物的代表作優先。所録著作涵蓋泉州各縣(市、區),包括金門縣及歷史上泉州府屬同安縣,曾在泉州任職、寄寓、活動過的非泉籍人氏的作品,則取其内容與泉州密切相關的專門著作。文庫採用繁體字横排印刷,内容涉及政治、經濟、歷史、地理、哲學、宗教、軍事、語言文字、文化教育、文學藝術、科學技術等領域,其中不乏孤稀珍罕舊槧秘笈,堪稱温陵文獻之幟志。

值此《泉州文庫》出版之際,謹向各支持單位、個人和參加點校的專家學者表示誠摯的感謝!由於涉及的學科和内容至爲廣泛,工作底本每有蛀蝕脱漏,加之書成衆手,雖經反復校勘,但限於水平,不足或錯誤之處還是難免,敬請讀者批評指教。

泉州地方典籍《泉州文庫》整理出版委員會

二〇一一年三月

整理凡例

一、《泉州文庫》(以下簡稱"文庫")收録對象爲有關泉州的專門著作和泉州籍人士(包括長期寓居泉州的著名人物)著作,地域範圍爲泉州一府七縣,即晋江(包括現在的晋江市、石獅市、鯉城區、豐澤區、洛江區)、南安、惠安(包括泉港區)、同安(包括金門縣)、安溪、永春、德化。成書下限爲一九四九年九月以前(個别選題酌情下延)。選題内容以文學藝術、歷史、地理、哲學、政治、軍事、科技、語言教育等文化典籍爲主,以發掘珍本、孤本爲重點,有全國性影響、學術價值高、富有原創性著作優先,兼及零散資料匯總。

二、每種著作盡量收集不同版本進行比較,選擇其中年代較早、内容完整、校刻最精的版本爲工作底本,并與有關史籍、筆記、文集、叢書參校,文字擇善而從。

三、尊重原著,作者原有注釋與説明文字概予保留。後來增加者,則視其價值取捨。

四、凡底本訛誤衍漏,增字以[　]表示,正字以(　)表示,難辨或無法補正的缺脱文字以□表示,明顯錯字徑直改正,均不作校記。

五、凡底本與其他版本文字差異,各有所長,取捨兩難,或原文脱訛嚴重致點讀困難,或史實明顯錯誤者,正文仍從底本,而於篇末校勘記中説明。

六、凡人名、地名、官名脱誤者,均予改正,訛誤而又查不到出處之人名、地名、官名及少數民族部落名同異譯者,依原文不予改動。

七、少數民族名稱凡帶有侮辱性的字樣,除舊史中習見的泛稱以外,均加引號以示區别,并於校記中説明。

八、標點符號執行一九九六年實施的國家《標點符號用法》。文庫點校循新版二十四史及《清史稿》例,一般不使用破折號和省略號。

九、原文不分段者，按文意自然分段。

十、凡異體字、俗體字、通假字，如非人名、地名，改動又無關文旨者，一般改爲通用字；異體字已經約定俗成、容易辨認者不改。個别著作爲保持原本文字語言風貌，其通假字則不校改。

十一、避諱字、缺筆字盡量改正。早期因避諱所產生的詞彙成爲習慣者不改正。

十二、古籍行文中涉及國家、朝廷、皇帝、上司、宗族等所用抬頭格式均予取消。

十三、文庫一般一册收録一種著作，篇幅小的著作由兩種或若干種組成一册，篇幅大的著作則分成兩册或若干册。

十四、文庫採用横排、繁體字印刷出版。每册前置前言、凡例。每種著作仿《四庫全書》提要之例，由編者撰寫《校點後記》，簡略介紹作者生平、著作内容及評價、版本情況，説明其他需要説明的問題。

泉州地方典籍《泉州文庫》整理出版委員會辦公室

二〇〇七年二月五日

目　録

蔡忠烈公遺集卷首

高宗純皇帝御製紀明長沙推官蔡道憲節烈詩并序

道憲,號江門,閩之晉江人。爲長沙司李,獻賊攻長沙,吉藩及撫藩、監司相率遁衡州。道憲攝太守事,爲死守計。總兵尹先民叛附於賊,城陷,百計脅降,不屈,怒駡愈甚。賊遂錐其胸,斷其手,割鼻舌,毁齒,寸磔以死。事聞,贈太僕卿,謚忠烈。先是,道憲就禽,時有從役九人隨,不去。賊先殺五人以懼之,不動,及以次斬淩國俊,國俊者,九人之一也。國俊請葬主而後就戮,賊許之,後與道憲同祀長沙。

牧民身不典戎曹,爲守孤城展六韜。振鼓縱能摧賊鋭,倒戈先已樹降旄。夜臺有路丹心炳,帝闕無門白日高。沅芷澧蘭芳不歇,招魂只合誦《離騷》。

乾隆二十七年　月。

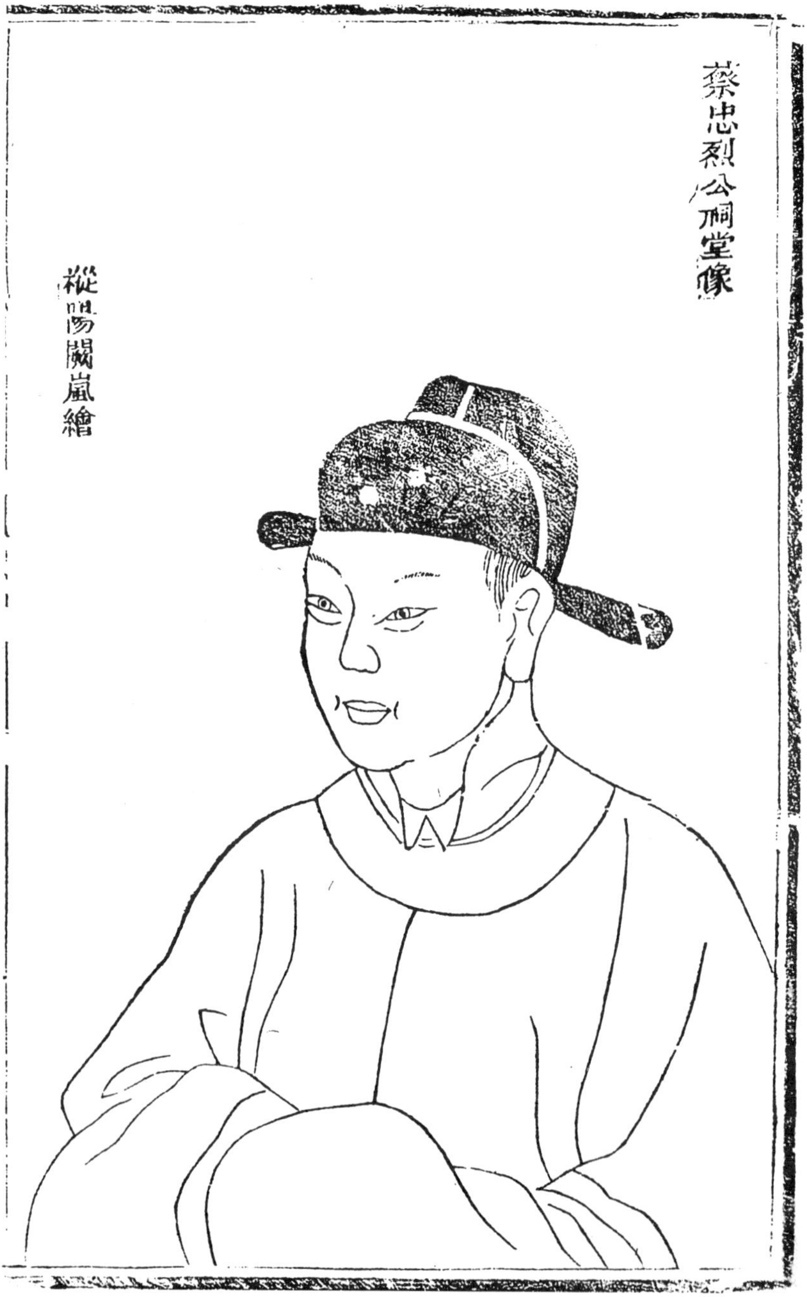
蔡忠烈公祠堂像
樅陽闕嵐繪

江門先生遺像

胡竹安大令榷長沙得
此像於一士人家題曰江門
先生小像考公詠梅詩有無我也
長須之句合之公別傳面銳下有須
語則此或為真像湘皋復屬雯山丈
鈎橅付梓与祠堂像並存黨亦公靈爽
所式憑歟　癸巳九月　鄞縣沈道寬敬識

江門先生遺像題記

胡竹安大令權長沙,得此像於一士人家,題曰"江門先生小像"。考公詠梅詩有"念我已長鬚"之句,合之公《別傳》"面鋭下有鬚"語,則此或爲真像。湘皋復屬雯山丈鉤橅付梓,與祠堂像並存檔,亦公靈爽所式憑歟?

癸巳九月,鄞縣沈道寬敬記。

明蔡忠烈公遺集序

晉江蔡忠烈公宗裔應魁，持公遺集，介福州府教授紀君嘉瑞徵序於余，余受而讀之。詩凡二卷，曰《悔後集》。有自序，詞凡八闋，雜文六篇附後，蓋經兵燹僅存者也。按，《泉州府志》載，公好文信國詩，又好讀楚詞，每燕坐，凝默曼聲微引，聞者悽然墜淚。

崇禎時，由進士仕長沙推官。張獻忠攻城，力戰不勝，死焉。贈太僕卿，謚忠烈。今長沙人爲立廟，傍李芾祠。李芾者，宋長沙太守，元兵陷城，殉難。與公先後同符者也。

公詩幽秀峭拔，力掃浮靡，想見高曠之胸，不羣之志。然詩以人重，如信國《正氣歌》，至今人人誦之，原不徒重其詩。公之英魄靈氣，常存沅澧之間，固當上抗靈均，下揖賈傅，芳聲所播，歷久不湮，豈僅在區區文字間哉！

公諱道憲，字元白，號江門。殉難時，年二十有九。衔卒淩國俊葬之醴陵坡。

道光二十八年，都察院左副都御史、提督福建學政長洲彭蘊章謹序。

蔡忠烈公遺集卷一

《明史》本傳

蔡道憲,字元白,晉江人。崇禎十年進士。爲長沙推官。地多盗,察豪民通盗者,把其罪而任之。盗方劫富家分財,收者已至。召富家還所失物,皆愕不知所自。惡少年閉門謀爲盗,啓户,捕卒已坐其門,驚逸去。吉王府宗人恣爲奸,道憲先治而後啓王。王召責之,抗聲曰:"今四海鼎沸,寇盗日滋。王不愛民,一日鋌而走險,能獨與此曹保富貴乎?"王悟,謝遣之。

十六年五月,張獻忠陷武昌,長沙大震。承天巡撫王揚基提所部千人,自岳州奔長沙。道憲請還駐岳州,曰:"岳與長沙唇齒也,并力守岳則長沙可保,而衡、永亦無虞。"揚基曰:"岳,非我屬也。"道憲曰:"棄北守南,猶不失爲楚地。若南北俱棄,所屬地安在?"揚基語塞,乃赴岳州。及賊入蒲圻,即遁去。湖廣巡撫王聚奎遠駐袁州,憚賊不敢進。道憲勸令[①]移岳,聚奎不得已至岳,數日即徙長沙。道憲曰:"賊去岳遠,可繕城以守。彼犯岳,猶憚長沙援。若棄岳,長沙安能獨全。"聚奎不從。賊果以八月陷岳州,直犯長沙。

先是,巡按御史劉熙祚令道憲募兵,得壯丁五千訓練之,皆可用。至是親將之,與總兵官尹先民等扼羅塘河。聚奎聞賊至[②],大懼,撤兵還城。道憲曰:"去長沙六十里有險,可栅以守,毋使賊踰此。"又不從。

時知府堵允錫入覲未返,通判周二南攝攸縣事,城中文武無幾。賊薄城,士民盡竄。聚奎詭出戰,遽率所部遁。道憲獨拒守,賊繞城呼曰:"軍中久知蔡推官名,速降,毋自苦。"道憲命守卒射之斃。越三日,先民出戰,敗還。賊奪門入,先民降。道憲被執,賊啗以官,嚼齒大駡。解其縛[③],延之上坐,駡如故。賊曰:"汝不降,將盡殺百姓。"道憲大哭曰:"願速殺我,毋害我民。"賊知終不可奪，磔之，其心血直濺賊面。

健卒淩國俊[4]等九人隨不去，賊亦令説道憲降。國俊曰："吾主畏死去矣，不至今日。"賊曰："爾主不降，爾輩亦不得活。"國俊曰："我輩畏死亦去矣，不至今日。"賊并殺之，一卒[5]奮然曰："願瘞主屍而死。"賊許之，乃解衣裹道憲骸，瘞之南郊醴陵坡，遂自刎。道憲死時年二十九，贈太僕少卿，謚忠烈。

二南，字汝爲，雲南人。由選貢爲長沙通判，盡職業，與道憲深相得。擢岳州知府，士民固留，乃以新秩還長沙，賊陷瀏陽，二南往援，亦歿於陣[6]。

《福建通志》人物傳

蔡道憲，字元白，晉江人。崇禎丁丑進士。授滇南司李，改授長沙。癸未五月，張獻忠陷武昌。七月，陷岳州，遂逼長沙。重臣大帥皆遁去，道憲獨誓死固守。有尹先民者，夙稱名弁，因結之以衛民。賊至，尹竟降。道憲力不能支，乃整衣冠，北向泣拜。俄爲賊所執，獻忠降階語曰："我素知公，公勿自苦。"道憲厲聲怒駡，賊釋而又縛者三。乃遣先民説之。道憲怒曰："朝廷何負爾？"而反踢其齒流血。復數賊罪，大駡。賊知終不可屈，遂磔之。道憲從容就戮。賊左右皆爲流涕。氣垂絶猶作忿恨聲，賊問："何恨？"曰："恨不殺先民耳！"心血直濺賊面，賊爲昏仆久之。死年二十九。

衙卒林國俊、李師孔、陳賢等九人，侍立不去。賊諭降，不屈，皆殺之。自一至五，引頸受刑。四卒忽起，曰："願葬主而後死。"賊義之。於是，四人解衣裹道憲體，血肉狼籍，點血在地，皆拭之。瘞於南城外醴陵坡。葬畢，皆自經死。賊乃併葬九人於墳側。十七年，贈太僕寺少卿，廕一子入監。

案：《傳》中"淩國俊"，"淩"作"林"，亦沿《明史》之悮。

《一統志》湖南名宦傳

蔡道憲，晉江人。崇禎[7]中長沙府推官。張獻忠陷武昌，直犯長沙。總兵尹先民戰敗歸，賊乘勝奪門入，先民乞降。道憲北面頓首，泣曰："臣不職，以死謝天子。"旋被執,罵不絶口。賊怒,磔之。磔且死,猶作恨聲。賊詰之,曰:"恨不殺尹先民!"健卒淩國俊、陳世科等九人,俱從死。事聞,詔贈太僕卿,謚忠烈,特祠祀焉。時照磨莫可及亦殉節死。

《廣輿記》湖南名宦傳

蔡道憲,長沙府推官。清標素著,吏畏民懷。賊張獻忠猖獗,連陷各郡。道憲知事不可爲,令兄歸省,曰:"親老矣,兄善事之。弟與此城俱存亡耳。"支撑二載,城陷被執。百計誘降,不屈。置小樓中,凡廿有四日,罵不絶口。賊怒,寸磔之。長嘯一聲,風雨驟至,頭已落,兩目猶炯炯。賜謚忠烈。

道憲初莅長沙,夢李芾來謁。及殉難,郡人與李芾合祀之,名祠曰"二忠"。

案:《行狀》,賊於八月二十四日破長沙,公於二十六日死難。無廿有四日置小樓事。

《湖廣通志》名宦傳

明蔡道憲,字元白,晉江人。以進士爲長沙推官。張獻忠陷武昌、岳州,直犯長沙。道憲勒兵拒守,賊遶城呼曰:"軍中久知蔡推官名,速降,毋自苦。"道憲命守卒射之,多斃。賊怒,攻益力。越三日,總兵官尹先民出戰,敗降。道憲被執,賊啗以官,嚼齒大罵。釋其縛,延之上坐,罵如故。賊使先民説,道憲益怒,奮起捽擊。賊以道憲愛民,謂曰:"汝不降,將盡殺百姓。"道憲大哭,曰:"願速殺我,毋害我民。"賊知終不可奪,磔之。氣垂絶,猶作忿恨聲。賊問:"何恨?"曰:"恨不殺先民耳!"其心血直濺賊面,賊爲昏仆者久之。健卒淩國俊等九人,隨道憲不去。賊曰:"爾輩亦不得活。"國俊曰:"我輩若畏死,去矣。願埋主屍後死。"賊許之。乃解衣裹道憲屍,瘞之南郊醴陵坡,遂自刎。道憲死時,年纔二十有九歲。

案:《明史》本傳及《湖南通志》、《一統志》名宦各傳,俱言尹先民出戰敗降,無陰輸欵於賊事。

《泉州府志》忠義傳

蔡道憲,字元白,號江門,晉江人。崇禎癸酉,年十九舉於鄉,丁丑會試第九名進士,授大理推官。丁父艱,服除補長沙推官,迎母就養。

楚多盜,有甘明陽、許廷寰行劫江湖,累貲巨萬。懸重賞,購獲之。豪棍魯之俞使酒兇暴,胆智異常,釋其罪而任之。盜方劫富家分財,收者已至,召富家給原物,皆愕不知所自。羣盜閉户謀劫,方啓户,之俞已坐其門,争遁散。先是,吏以緝盜爲功,相怨者以盜相羅織。道憲出其無辜陷死者八十人,株連者百三十人,民號“青天”。初,苦土寇,置客兵三百,事平未撤,又不給糧,大爲民患。有哨長周華宇,多力善搏,而性殘虐,曾斃一人於路。遣數卒裹面致之,明日,其衆方知,譁擁入衙,聲震屋瓦,羣吏奔逸。道憲徐步堂前,呼其長,責以不義。衆不覺驚屈,因出哨長,笞擊數百,垂斃而後遣之。自是鄉市帖然。吉王府宗戚校衛,恣爲奸利虐民,道憲先執治而後啓王。王召責之,抗聲曰:“今四海鼎沸,寇盜日滋。王不愛民,一旦挺而走險,能獨與此曹保富貴乎?”王悟,謝之。宗戚爲慴服。豪庠簡可大、羅士俊聞武崗祁陽民變,殺藩宗戚,欲連黨效尤。召至署中,諭以理法,惶怖輸服。二生出而變消。茶陽、益陽、攸縣奸民聚黨萬餘,訴其長吏院司。莫何,聞蔡青天來,焚香跪迎數十里,屏息聽處分。湘陰縣餉部馮催徵不如法,民積薪衙署,欲焚殺之。部堂莊祖誨徬徨無計,衆云:“惟蔡青天去可治。”即躬詣速行,單騎馳百里,入城隍廟,集衆諭曰:“此胥吏爲奸,餉部不早察耳。餉部奉朝命來,與邑令失民心、激變者異。湘陰户未滿萬,不從亂者半。部兵三萬餘,若不早輯,屠城之慘,吾奈爾何?”民乃定。立取餉胥吏,盡法創之,湘陰以寧。常德弁周晉假闖賊焚劫,既就擒,賂當事縱之,擁所掠名家女數人,匿廢弁韓鴻家。白於直指,并擒韓鴻殺之。劉直指邀道憲入常德安民,議增兵而苦無餉,道憲舉某項可那用。劉曰:“每見公談各府兵實,如指掌,謂因察盤强記耳。常德未經巡歷,何由得知?”道憲曰:“某吏事暇,凡書記、文移,無一字放過,以此知之。”劉大嘆服。新祁陽令謁見違禮,疑爲假官,監司嚴法誣服,推究其黨。奸胥乘困恤之，囑妄扳富家至百餘人。檄至，道憲唤集堦下，皆樸而富者，立釋之，空文申報。他州邑累繫扳連不死者，且傾貲千百。後知爲真令，已斃杖下，而長沙獨無牽累。賊蹂躪中州，且至楚，長沙日四五驚。夜傳寇至城外，民争入城避，奸民乘機搶掠。道憲取琴書，裹布衾，去城十里卧。民云："蔡爺在外，吾等何憂？"數日詗至，竟無賊及。賊至荆，道憲籍貧民守城，富者輸粟養之，一應守禦之計，漸次整飭。會委解京餉，乃遣妻奉母歸里，既而不果行。或勸更迎養，曰："吾處燕在堂也，喪亂宏多，楚先受之。吾未知死所，忍使慈母見壯子乎？"壬午，分闈得士，皆時名。九月，郡守堵胤錫以覲行，郡事交併，益疲勞。是冬，李自成襲荆、承，張獻忠犯澧、石、慈、安諸縣，楚地騷動。荆鎮某率大衆擁惠藩走長沙，民愈摇撼，以戀道憲，無潰志。

崇禎十六年五月晦，獻忠陷武昌，長沙大震。北巡撫王楊（揚）基率所部千人，自岳州奔至。道憲請還駐岳州，曰："岳與長沙脣齒也，并力守岳則長沙可保，而衡、永亦無虞。"楊（揚）基曰："岳，非吾屬也。"道憲曰："棄北守南，尚不失爲楚地。若南北俱棄，所屬安在？"楊（揚）基語塞，乃勉赴岳州。及賊入蒲圻，乃夜遁去。南巡撫王聚奎遠駐袁州，憚賊不敢進。道憲亦請移岳，聚奎不得已至岳，數日亦徙長沙。道憲曰："賊去岳遠，可繕城以守。彼犯岳，猶憚長沙援。若棄岳，長沙安能獨全。"聚奎不從。而岳帥孔全贇驅萬騎雜猱擁撫軍偕來，所過如洗，焚殺淫掠，尤甚於賊。老穉啼號，謂撫軍至，我輩無遺類矣。於是，富家巨室皆稍引去，有棲湖蕩自全者。八月，賊陷岳州，四城洞開，荷戈笑語而入。

先是，巡按御史劉熙祚委道憲募兵，得壯丁五千訓練之，皆可用。廣鎮尹先民善戰，道憲邀結之，與誓師江上。尹感奮，樂爲用。遂將兵與先民扼羅塘河。及聚奎入城，次日文武俱會明倫堂，問守長沙策，衆曰："蔡推官已有經畫。"道憲因條列數千言，大略欲以吉藩居守，而文武各出城或十里二十里，分要地拒賊。衆然其議。聚奎曰："何蔡推官出一語，而諸公莫敢矯其非？頃所言戰也，非守也。守尚未可必，又誰能戰？"道憲曰："不戰惡能守？今兵約三萬，而糧僅足一月，勢當取給外縣。我在外，則外縣安；守内，則各縣不攻自破矣。安所得糧？賊將數十萬，攻具悉備，我居外，可以少擊衆，彼攻具無所施；在内，則坐而受困耳。且推官經畫數月，增兵設餉爲戰守地，今聚三萬兵於城中，何處安頓？變在内不在外矣。萬不獲已，惟某與先民在外，列陣設伏，如謂未當，徹回未晚。"反覆曉譬，繼以涕泣，聚奎不答。尹先民曰："推官所言，皆碩畫也。先民願决一死戰。若同困孤城，悔之何及！"聚奎作色曰："總兵欲反耶？"曰："先民不反。悮家國事者，真反耳。"各散去。及賊近城，聚奎詭出迎戰，遽率所部遁。時惠王寓長沙，與吉王謀出奔，會偏沅巡撫李乾德、總兵孔希貴自岳州潰至，遂與希祚奉二王走衡州。向所召各鎮兵亦散去，獨先民所部六千兵不動。道憲乃盡以其衆分置城上，躬爲粥啜之。衆皆泣下。

道憲有友三人，間關歷險，俱在城中，急遣之，曰："父母在，不許友以死。"酌酒爲别。三人涕泣交横，曰："何所持以報君家？"道憲曰："此豈某顧家之時耶？"曰："亦當得數言。"道憲曰："城亡身死，無可言者。"曰："君未有子。"道憲曰："兄子吾子也，教以禮義，無玷家聲，足矣。"曰："何以報君老母？"道憲忽慟絶，仆地良久乃甦，南向拜哭曰："母生兒不孝，不能復侍膝下矣。"援筆草數字，云："使兒不得决策爲江上一戰，而坐困孤城者，天也。事若可爲，宗社之靈、老母之福。"書畢，授三友。因朗吟文文山句，云"我死誰當收我骸"，賓從、胥役皆涕泣，莫能仰視。於是，遣二騎送出城，而賊已薄城下矣。

時八月二十二日，賊遶城呼曰："軍中久知蔡推官名，速降，毋自苦。"道憲顧先民射之，斃其馬，再發，中其左翼。獻忠入營换馬，賊各相攻擊，死數百人，夜退營十里。道憲度賊遠來，未有備，趣先民選精卒二千人，從間道出，斫殺千餘級。比天明，賊衆蠭集，乃引還。獻忠怒，併力攻城。晚自至城下，曰："傳語蔡推官，吾聞其忠義，年且少，愛而弗攻。吾衆投鞭斷流，何有於此城？"道憲亦傳語云："若恣攻擊之能，我盡守禦之方，城亡身死，勿復多言。"獻忠益怒，日夜攻擊。道憲左手持小旗指麾，右手操杓勺餉士。二十四日，戰士死傷過半，餘亦力竭不任。乃與先民背城借一，以千人出北門，搗賊壘，大呼曰："男兒死當在疆埸!"衆皆感泣,爲殊死戰,一以當百,殺賊數千人。賊稍却,引還至城門,能從者四百騎耳。賊更合圍四攻。明日,爲穴道穿城入,城中亂。先民曰:"巷戰尚可活。"猶上馬持刀呼殺。道憲曰:"無庸矣。"釋戎服,整衣冠,北向再拜曰:"願速見高皇。"遂被執。獻忠下堂,親解其縛,曰:"下卒無知,誤犯高賢。"道憲怒駡曰:"吾恨不磔汝萬段也!"獻忠曰:"蔡推官後生,勿使氣。富貴可共,何自苦乃爾?"道憲奮起捽賊,獻忠令且引去,監之黄道門,使其衆百計説降。爲具食及供帳,皆不顧。明日,衆擁先民來,道憲見其衣冠如舊,疑已降,曰:"汝來何爲?"先民跪低頭。道憲曰:"汝忘江上誓師時耶?"先民曰:"豈敢忘之。使先民不能戰、不能守,而死固也。"道憲曰:"今日尚云能戰能守乎?"先民尚欲有所言,道憲踢其牙流血。衆擁先民起,先民曰:"吾豈負蔡公者?吾終必死,死當訴上帝斷誤國者之頭也。"衆復以道憲見獻忠,道憲目眦盡裂,駡益甚。賊知道憲愛民,謂曰:"汝不降,將盡殺百姓。"道憲哭曰:"寧速殺我,毋害我民。"賊知終不可奪,命剮之。道憲初怒駡,及被剮,則揚眉清婉,顧盻笑語如常。賊環視萬餘人,無不咬牙股栗,淚淋淋下。獻忠復下堂與語,謂公尚可活,何良苦爲?道憲噀血叱之,曰:"獻忠,吾爲厲鬼,殺汝也!"獻忠怒,拔所佩刀擲道憲,中其胸,血逆濺獻忠之面。獻忠昏仆有頃,甦,遂磔道憲,刃凡數折。卒年二十九。時二十六日午刻。

健卒林國俊、李師孔、陳賢等九人隨道憲不去,賊初令説道憲降。國俊曰:"如吾主可降,早去矣,不至今日。"賊云:"不降,爾輩亦不得生。"國俊曰:"若吾輩願生,亦去矣,不至今日。"賊遂併殺之。自一至五,延頸受刃,尚四卒,忽奮呼曰:"願埋主屍而死。"賊許之,乃解衣裹道憲骸,點血在地,皆拭之,相與瘞于南郊醴陵坡,遂自刎。賊併葬九人於墳側。尹先民號不食數日,與其三僕亦就戮死。長沙城内外及湘、寧、瀏、醴諸縣,村落、市鎮,聞道憲死,無少長,皆悲慟失聲,朝夕哭奠,如喪考妣。聞已葬,頂香哭拜者數萬人。越年,其從兄道宜往挈骸歸,百姓依依不能舍。郡守堵允錫、通判周二南重違其意,具衣冠葬于故處,改醴陵爲理陵,爲銘誌之。建祠立坊,置祀田以慰忠魂。請於朝,贈太僕寺少卿，蔭一子。後又加贈太僕寺卿，謚忠毅。仍建祠本里學宫。

道憲襟懷豪爽，文思敏妙。登山涉水，陟奥窮幽，興之所至，選場試馬，操舟渡妓，不諱風流。月白更闌，清歌徐引。及談古今興亡成敗，則反覆淋漓，感慨悲歌。嘗夢與文文山對榻，手抄文山詩集，或曰："此非盛世文，何愛焉？"而好之終不少衰。少讀《楚辭》，燕坐凝默，曼聲微引，聞之淒淒欲泪。識者謂其有楚音悲激，屈、賈後身。長沙將陷，時署中地出血，道憲叱之立隱。一日，對周通判云，夜夢李芾來拜，相與談城守事，殊激烈。李芾者，宋長沙守，元兵陷城，芾召帳下沈忠，焚居殺妻子，而後自殺，長沙人祠之。道憲憫其傾圮，爲脩葺，題詩祠壁，有"許多上座薪誰徙，正在中流楫自呼"之句。今道憲之祠去李祠不遠，豈先讖耶？所著有《悔後詩集》。《通志》參《明史稾》，《湖廣志》、《長沙志》並各《傳》、《記》。

《長沙府志》名宦傳

蔡道憲，號江門，晉江進士。長沙推官，多惠政，視民如子。衙首自署云"冤人一字，莫入此門；冤人一事，莫出此門"。崇禎十五年，獻賊攻襲荆、鄂等處，長沙戒嚴，道憲竭力拊循。八月，賊陷岳州，旋攻長沙。道憲令士民出城逃避，身偕同官登陴死守。八月二十六日，城破，長協總兵尹先民降賊。公北向再拜曰："願死見天子。"乃大叱賊衆，云："寧殺我身，毋殺百姓。"賊敬之，不忍殺。道憲怒罵，賊縛之，罵益力，賊又釋之，如此者三。揮拳擊賊，賊怒，斷其手。罵不絶口，復截其舌，割鼻剜目，仍噴血賊面。賊知終不可屈，乃磔之。就磔時，以刃加頸，曰："蔡公忠臣，肯一笑寢乎？"道憲仰天作笑狀，賊皆流涕。從役淩國俊等九人從公不去，次第就戮。國俊與某某乞裹公骸，葬黄道門外醴陵坡上，皆自經死。賊退，士民哀慕，建祠大西門内。事聞，贈太僕寺卿，謚忠烈。

《晉江縣志》人物傳

蔡道憲，字元白，號江門。崇禎丁丑進士，授大理推官。丁父艱，服除，補長沙推官。

崇禎十六年五月晦，獻忠陷武昌，長沙大震。北巡撫王楊（揚）基率所部夜遁，南巡撫王聚奎逃徙長沙。八月，賊陷岳州。道憲帥所募壯丁五千，與廣鎮尹先民扼羅塘河，倡議文武出城，分扼要地拒賊。衆然其議，聚奎不從。尹先民曰："推官所言，皆碩畫也。先民願决一死戰。若同困孤城，悔之何及。"聚奎作色曰："總兵欲反耶?"先民泣對曰："先民不反。悮家國事者，真反耳。"及賊近城，聚奎詭出迎戰，遽率所部遁，各鎮兵亦散去，獨先民所部五千兵不動。道憲乃盡以其衆分置城上，躬親調粥啜之，衆皆泣下。

八月二十二日，賊薄城下，遶城呼曰："軍中久知蔡推官名，速降，無自苦。"道憲顧先民射之。賊夜退營十里。道憲度賊遠來，未有備，趣先民選精兵二千人，從間道出，砍賊千餘級。獻忠怒，日夜攻擊。二十四日，戰士死傷過半，餘亦力竭不支。乃與先民背城借一，以千人出北門，擣賊壘，殺賊數千人。賊稍却，還至城門，能從者四百騎耳。賊更合圍四攻。明日，穴道穿城入，城中亂。先民尚圖巷戰，道憲曰："無庸矣。"釋戎服，整衣冠，北面再拜曰："願速見高皇。"遂被執。獻忠下堂，親解其縛。道憲怒駡，曰："吾恨不磔汝萬段也。"獻忠曰："蔡推官勿使氣，富貴可共，何自苦?"道憲奮起捽賊。獻忠令且引去，監之王道門，使其衆百計説降，爲具食及供帳，皆不顧。明日，衆擁先民來見道憲，先民曰："吾豈負蔡公者。吾終必死，死當訴上帝斷誤國者之頭也。"衆復以道憲見獻忠，道憲目眦俱裂，駡益甚。賊知終不可奪，令剮之。揚眉顧盼，笑語如常。賊環視萬餘人，淚淋淋下。獻忠復下堂與語，謂公尚可活。道憲噀血，叱之曰："吾爲厲鬼殺爾!"獻忠怒，拔所佩刀擲道憲，中其胸，血逆濺獻忠之面。獻忠昏仆有頃，甦，遂磔道憲。卒年二十九，時二十六日午刻也。

健卒林國俊、李師孔、陳賢等九人隨道憲不去，賊初令説道憲降。國俊曰："如吾主可降，早去矣。"賊云："不降，爾輩亦不得生。"國俊曰："若吾輩願生，亦去矣。"遂併殺之。自一至五，延頸受刃，尚四卒忽奮呼曰："願埋主屍而死。"賊許之，乃解衣裹道憲骸，點血在地，皆拭之，瘞於南郊醴陵坡，遂自刎。賊併葬九人於墳側。尹先民不食數日，與其三僕亦就戮死。

越年，其從兄道宜往挈骸歸，百姓猶依依不能舍。郡守堵胤錫、通判周二南重違其意，具衣冠葬於墳處，改醴陵爲理靈，爲銘誌之。建祠立坊，置祀田以慰忠魂。請於朝，贈太僕寺少卿，蔭一子。後又加贈太僕寺卿，謚忠毅。仍祀本里學宫。所著有《悔後詩集》。

《善化縣志》名宦傳

蔡道憲，字元白，晉江人。崇禎[8]十年進士，爲長沙推官。十六年五月，獻賊陷武昌，巡撫王聚奎棄岳不守。八月，賊陷岳，直犯長沙。時知府堵允錫入覲未返，通判周二南攝攸縣事。聚奎詭出戰，遂遁。總兵尹先民出戰，敗還。賊奪門入，先民降，道憲被執。賊啗以官，嚼指大駡。釋其縛，延之上座，駡如故。賊曰："汝不降，將盡殺百姓。"道憲大哭曰："願速殺我，毋害我民。"賊知終不可奪，磔之，心血直濺賊面。磔且死，猶作恨聲曰："恨不早殺尹先民！"

健卒淩國俊九人俱從死。先是，國俊願瘞公屍，賊許之，乃解衣裹骸，葬之南郊醴陵坡，遂自刎。道憲殉節時，年二十有九。贈太僕少卿，謚忠烈。

别　傳

湘潭郭金臺幼隗

明崇禎十五年冬，賊襲荆州郡，荆鎮臣某疾率大衆，擁惠藩走長沙，長沙亂，公職司理，勤撫焉，長沙治。明年五月，賊陷武昌。武昌士民戮溺盡，獨撫臣某以衛卒千人免走長沙。長沙益亂，公益撫焉，長沙益愛戀公，不忍去。又八月，破岳州。先是，岳總戎孔提萬衆駐岳，稱能帥。迄岳亂，遂揚帆奔騎，囁踏長郡，長沙乃大亂。長沙民卒乃依戀公不去，而獨盼望先時遮蔽長沙者。鎮臣護率列藩去，列臣先後去。公乃不欲苦斯民，縱城令民去，又縱諸左右胥吏去，而獨挈故所飼總戎尹先民者，提師布列，躬自支持釜甑。揮灑涕淚，日夜環城，誓死守所貽。岳戎孔公，苦分不能制，聽自駐師河上，稱禦賊。賊至，孔無意辦敵，舉衆走，且降。尹伏城，見孔師急潰，乃大驚亂。公乃大呼起，督精騎出，與賊遇，殺傷略當，復入壁。翌日，賊騎突北門，公令彀强弩射殺之，却十里止。日午來，又卻。頃,賊大至,尹卒大潰,出環視左右,援無一存者。賊遂奪門垣,躝入城中矣。

公度城且陷,即下馬,北面拜曰:"願死見天子。"益斂容坐,大呼叱賊衆:"寧殺我,毋殺吾民。"賊驚問:"誰心知守孤城,而口呢呢百姓者?必司理蔡公江門也!"立起敬公,欲不殺。公起怒駡,賊叱縛公,公益駡賊,又禮釋公,如此者三。公益駡不絶口,賊乃令新降將尹先民,笑語乞公降。公睨視先民,裂眦,手刃指擬當死罪無算。先民避,賊衆數萬人咸股栗。目公,公殊無意賊數萬人,又揚天朝名,大辱賊。賊知終不可屈,乃磔公。公就磔時,賊以刃加頸侵公,曰:"公忠臣,宜一笑寢乎?"公乃揚眉,清婉笑語如平生。磔且死,公猶吃吃作恨聲。賊詰恨爲誰?曰:"恨不殺尹,獨爛殺吾民。"是時,賊環視左右,皆暗流涕。遠近聞之,無老稺,悲號悼痛至失聲。

遲五日,乃馳公訃狀,以聞於臺。臺師事公,久信忠義,篤不敢勸公從衆走,死又不敢以身從,雖傳公,懼逢公怒者。嗟乎!公死賊手,在十六年八月二十六日。小子臺知公死,豈獨是日乎!方公之淹黄鵠而返也,獨拊膺歎曰:"輕而傀沓,貪而冒没,不幸逢其人,吾無死所矣。"其駕洞庭而南也,又拊膺歎曰:"旁撓而中牽,左犄之,右犅之,吾無死所矣。"其經資陽、道攸水而來也,又拊膺歎曰:"馬瘏矣!既絡之,又輣車驅之,吾無死所矣。"自是,長沙興大獄者二,起大師者三,賴公以心計潛奪冥制,事猶不大創。迄荆事敗,長郡梗姓争自開導,隙釁操挺刃而起,公度力無以制,乃取用武夫氣整刷境内,故權豢尹以壓之。其後,衿氓懾公甚,置尹之力也。設公權用尹時,諸大臣中有能總鋭師南向、提挈左右、持節鉞坐制跳狼者,公決如李元直行事,敬用此屬作李祐、李忠義,使必不敢反。設諸弁中有按甲百里、内外聲援、影響牽制者,公決如李公芾,灑血堅壁,誓死與共,竟持此曹如沈忠輩,使必不敢降。而皆不能使公計盡心竭,左右道絶而繼以死,悲夫!

公諱道憲,號江門,晉江人。十七登賢書。又三年,成進士。今年才二十八。所歷天下事,無不淹通者。判事雖老吏猾頑,無不心折者。落筆成詩文奇字，無不妙絶天下者。詩成廢去，偶示臺，凡五十三篇，盡梓以行，名《詩存》。暇輒長嘯，每臨風步月，曼聲徐引，或從齒出，或自指生，均中簫管，聽者意足。燕坐凝默，指齒不形，微芒有音，不並絲竹，鳳鸞和鳴，摇嫋星月。臺每聞此，仙耶？夢耶？再來人耶？惜當世奇人韻士，無緣遘見公。公謂人無從辨此者，此又一絶也。公一子，甫三齡，貽母六十。有伯仲二，所育養乏絶，弟姪至數十餘人，自公殁，不知舉家待以舉火者爲誰。公嘗語臺，有故人數輩，皆古君子交。所知葛公士年、吴公元圭、陳公喬嶽、林公永瞻、林公子野，餘多不能記憶云。記公以書遺歸故人，曰："賊破岳陽，勢逼星沙。盡吾心，竭吾力，事有可爲，宗社之靈，老母之福。"壯哉！公言止此，事止此，故人信公矣。

今能彰大公事、俾死不朽者，同寅堵公牧遊、周公石拙。具衣棺，成禮葬，立祠永祀，又厚賻經紀公家。一時從公死者，孝廉馮子棍公。馮子，先生至交也，生死與公合，臺請告諸公，拜疏特題，配先生祠而祀之。

案：幼隗先生，與公至交。此《傳》最早與堵《志》皆爲《行狀》及後來諸《傳》、《志》所本。兹編成後，始從湘潭羅君汝槐寄到，亟補刻編入。

别傳

山陰宋　俊

蔡忠烈公者，明長沙推官，駡賊殉城而死者也。公諱道憲，號江門，閩之晉江人。舉崇禎丁丑進士。初任雲南大理府推官，庚辰補長沙。長沙爲湖南要衝，自醴陵達宜春，足以撼江右；自湘潭上衡陽，足以震兩粤。扼滇黔之吭，拊鄂岳之背，蓋以一郡爲五省扞蔽，不獨三楚恃爲聲援也。

癸未秋，張獻忠陷武昌，徇咸寧、蒲圻而上。沅撫李乾德、總兵孔希貴退屯岳州，連戰不利，走長沙。賊前鋒猝至，湘陰郡城戒嚴，乾德擁吉、惠二王走衡州。時太守堵允錫先事入覲，兵道馮雲起及同知某、通判某皆棄城走。公時以推官權知府事，慷慨登陴，謂守將尹先民曰："賊犯疆圉，守土死綏，非異人任，請厲兵士，殄兹逆孽，毋貽臣子羞。"先民陽諾，潛與吉王左承奉黄明治送欵於賊。賊徇城至陴下，公乘麗譙駡之。賊呼曰："推官，吾軍素知爾名，請毋死。"公引弓射之，賊佯退。攻三日，先民晨請赴毬場閱軍，甫至，譟而起，先民遽執公以降。獻賊列前騶，樹麾蓋，坐公於纛下，數之曰："吾以全師萃楚，諸帥守臣皆望風宵遯。爾敢以一司理抗我耶?"公厲聲叱之。健卒淩國俊追侍公。賊使叛將尹先民誘公降，且劫以兵。公大怒叱曰："城亡，吾與俱亡。爾負國負民，吾恨不磔汝以謝天下!"賊怒，叱令公跪。不屈，以刃築膝仆地。賊謂健卒九人者説公降，九人者曰："吾公可降，亦去矣，不至今日。"賊曰："不降，爾亦死。"九人者曰："吾輩願生，亦去矣，不至今日。"賊遂次第殺諸健卒以脅，公不動，且笑且大罵。賊怒甚，戕公口，血噀賊衣，賊愈怒，遂磔公。國俊大呼曰："汝姑緩死我，我以主骨歸土，當就死。"賊從之。國俊解衣斂公骸，奔城外，藁葬醴陵坡，遂自經。

公之自大理赴長沙也，與其弟奉太夫人以行，至郡聞流氛甚熾，洊及江黄，慨然曰："仕而死其職，義也。如老母何?"遂命其弟奉太夫人以歸。未幾，弟復來，又遣之。作《懷母詩》四首，見逸稿。明年八月，竟死。十月，獻賊陷衡州。又明年正月，左良玉師次長沙，餘賊走。撫按列公狀上聞，詔贈太僕寺卿，謚忠烈，立祠郡城，即熊湘閣故址，爲宋潭州守李忠節芾殉難處。

宋俊曰：余嘗至晉江，與士大夫遊，未有以江門先生爲言者。後至潭，遇前善化尹倪君康年，知有忠烈祠，祀公與李潭州。然考公遺事，疑信參半。零陵桑孝廉日昇作《江門紀遺》，謂公自城上還署，朝服北向拜，始出見賊。而倪尹謂公見執於教場。《紀遺》謂公初無嗣，而倪尹謂公有二子，其一常至醴陵坡拜公之塚。《紀遺》謂公夢與李潭州遇，世人至以公爲潭州後身。而倪則謂公感憤時事，誓以身徇，故假潭州以見志。其謂公修髯鋭下者略同，而好白衣、曳朱履，則又自倪尹述之。倪與公爲鄉人，其口語較詳。《郡志》於宋末有削李潭州事，於明末無有爲江門先生立傳者。嗚呼！豈孤忠勁節，世之人皆所諱言歟?

别　傳

益陽陳雅琛獻元

蔡公，諱道憲，字元白，號江門，福建晉江人。曾祖穀，祖佐，父維忠。忠有子三人，公其季也。少端毅有膽量，嘗讀書虎頭山，夜分虎嘯窗外，公書聲不輟，虎斂跡去。年十九,補諸生。旋登賢書,崇禎之癸酉也。丁丑,成進士。以推官用,筮仕雲南,遭父艱,未任。辛巳,服闋,補長沙司理。壬午,分校楚闈,主考多其才,别授他房卷三千有奇,公搜閲甄拔,無留良焉。

時烽煙四起,逆賊張獻忠陷襄陽,進薄湖南,勢熾。公條陳戰守二策,當事置若罔聞。度必危,乃遣家人奉太夫人還閩,步送郊外,肅衣冠,泣拜輿前以别,道旁觀者隱隱窺其志。癸未,吉藩逆閹與賊通,賊乘虚搗岳陽,前驅至湘陰,長沙大震。藩率屬奔衡,僚佐一空,獨公署府篆誓不去。約守將尹先民,協力防禦,措餉練兵,眠食俱廢。郡士民感公義,各負石登陴,爲效死計。八月,張賊寇長沙,公單騎晝夜巡警。賊一夕潛越城,公猝至,手刃十餘人,賊驚退。會尹先民與賊郡之廢紳某,陰輸欵於賊,賊大至。先民佯出戰,潰還,引偪城下。公令城中士女夜縋出潛逃,全活甚衆。賊呼城下,曰:"推官聞名久矣,何自苦乃爾。"公引弓射之,賊不敢偪,聲言屠城。蓋以公素愛民,或爲億萬生靈屈。尹先民復以微言動公,公正色叱之,知不可奪,遂誘賊以入。公聞城破,急更衣,整朝服,北面稽首曰:"臣力竭矣,惟一死耳。"帳下卒從者九人。賊雅重公,招之降,公但曰:"寧殺我身,毋殺我百姓。"先民承賊指説公,公怒,詈之曰:"狗彘乃敢見吾耶! 吾恨不殺汝!"揮以拳。先民走,白賊,賊執公,公嫚駡不已。賊謂九人勸公降,否則俱死。僉曰:"使君可降,吾輩畏死,俱不至此矣。"賊怒,次第殺五人,以懼公。公自若。賊擲刃揕公胸,血直濺賊,首顛,羣賊失色。復加刃公頸,云:"忠臣尚能一笑乎?"公揚眉展足,怡然曰:"吾何笑? 笑汝輩釜底遊魚耳。"賊大怒,裂公眉,斮公脛。公指賊大駡,賊斷公手,駡愈厲。賊復斷公舌,公含血噴賊,賊更毁公齒,公怒目掀鼻,猶作窸窣聲向賊。遂抉目劓鼻,支解以絶。時八月二十有六日也。是日晝晦,連日霾,屈、賈二祠中鬼夜哭。

公從役九人,先公死者五,繼公死者三,無一人乞憐。凌國俊獨請葬公骸以死,賊許之。國俊痛哭,解衣拾肉骨及朱履,裹葬城南醴陵坡,還就戮,賊義而釋之,國俊泣曰:"使君不負國,吾忍負使君乎?"亦自經死。與八人俱藁葬公旁。明年春,賊潰走。事聞,贈公太僕寺卿,謚忠烈,祀名宦。公同年堵公允錫覲還,爲具衣衾,備禮改葬。謂公官司理,厥靈濯濯,易醴陵爲理靈。復取所籍從逆人房産,爲公建祠,像公而祀之。

公容貌温潤,博覽羣書,詩文援筆立就。善長嘯,夜静發聲,如鶴鳴層霄。通韜略,嫺騎射。其獨守孤城也,號令嚴明,指畫皆莫測,縞素赤舃,有輕裘緩帶風。蓋公才兼文武,若守將同心,城可保也。而逆弁賣國,徒以成公之烈,豈非天哉!初,公甫下車,謁宋刺史李忠節祠,感慨悽愴,因題其壁云:"煙火叢中十萬户,好箇男兒;寶刀何事一千年,理應出土。"及寇日猖獗,致書鄉先生,有"知君能後死,看我獨先亡"之句。太夫人歸後,馳聲奉省,則有"報得君恩,顧不得母養"語。遇先大父甚優,每共談時事,相視欷歔,志素定也。其爲政廉明剛果,不避權貴,發奸摘伏如神,大書於門,曰:"冤人一字,莫入此門;屈人一事,莫出此門。"是時,藩邸爲淵藪,黠吏奸徒肆無忌憚,投王府,則莫敢誰何,争奪不遂,則獻諸王府,民惴惴不保其業。於是,王莊、王田及號爲鵞羊池者,遍州縣。自公至此,風寢息,則不寒而慄也。以身教,故所著有《悔後集》,自爲之序。卒年二十有九。

淩國俊,湘鄉人。康熙癸亥,其子淩文志,以李忠節帳下卒沈忠得配享李公援例,爲國俊請,乃並得從祀公祠。噫!長沙,古忠臣地也。公與李公,既先後同揆,而厮役亦若合符節。然則回面污行而履斯土者,欲不跼蹐也得乎?歲癸未,武進趙公申喬撫湖南,毅然以表章節烈爲己任,既謁公祠,復展拜墓下,重立豐碑,而爲文以記之。予憶所聞於先君子者,參校而爲之傳云。

論曰:忠烈公殉節之慘,先君子每談及,輒涕泗横流,蓋痛念先大父名有光,亦官司理,殉難死。素與公盟心而皆較然不欺其志也。嗟夫!自古忠臣授命,莫慘於公,而公甘之如飴。此其丹心鐵骨,生而已然,詎有藉於觀感者?世傳公始至,夢李忠節公,如相授受。假令杳不入夢,豈遽出潭州刺史下哉?予故採輯公傳,而於是説也逸之。

别　傳

寧鄉陶汝鼐密菴

蔡道憲,號江門,晉江人。年二十成進士,司理星沙。清端秀立,藴藉風流,居然才子也。李庭既無留獄，而以其暇論詩文，作鸞鳳嘯。時賊氛逼楚，與太守堵公並事韜略。聞屬邑山賊警，輒戎服單馳檄行部，所至自巡執鼓，登壇教戰，一往英沈，已負睢陽之絶知。

癸未八月，獻賊逼長沙，文武大僚擁藩王先後去，公獨與故所結總戎尹先民提師，日夜誓死守且戰。然兵力不當，先民乃背公輸欵於賊，賊入，遂降。公從容下馬，整冠，北面拜泣曰："臣不職，以死謝天子。"遂爲賊所執。賊令降，語曰："我素知公，公勿苦。"公怒罵。賊縛公，公益罵不絶口。迺嗾降將尹欵語公，公瞋目直視，奮縛揕尹胸而搏之，賊數萬咸駭動。公數賊罪，又揚天朝盛德，大辱賊。賊命磔之，公欣然就刑。以刀加頸侵公，曰："公忠臣，肯一笑寢乎？"乃揚眉清宛，笑語如平生。磔且死，公猶矻矻作恨聲。賊詰："恨爲誰？"曰："恨不殺尹先民，獨濫殺我百姓。"賊左右皆流涕咋舌。

事聞，詔贈太僕寺少卿，謚忠烈，特祠祀焉。後堵公覲還督學，率諸門人招魂而葬之南門外理靈坡。

小　傳并序

閩縣倪康年

康年蚤歲讀書至忠孝大節，輒爲三復流連。憶前乙酉夏，晤吾閩太史黄公石齋、曹公能始、林公子野，談及逆賊張獻忠陷長沙時，有司理蔡公江門者，吾鄉人也，其殉難最烈，因各出爲公所作輓章示讀。迨我皇上踐祚初年，康年適授善化縣職。善化，長沙附郭邑也，於公猶屬吏云。甫下車，即詢之父老，知公有祠在郭西偏，屈、賈祠左，特躬詣展拜。祠内，兵使者、毘陵堵公允錫爲立碑，載立祠、置田事甚詳。題祠柱聯云：母忍辭，妻忍别，孤城獨執不忍亡，凜凜忠貞之氣，千秋如在；肉可割，肝可剖，百姓獨曰不可殺，堂堂慷慨之心，萬古猶存。但祠久傾圮，基地祀田皆爲豪强隱没。康年往過心傷，亟白諸當事，爲之清理。時軍興旁午，雖少有懲究，法不能申。康年倡率同鄉遊宦黄廷用及士商施大章等，伐木鳩工，共勷厥事，先立祠宇，焕然改觀。祠前舖屋數處，曠地一，所祠田千餘畝，僅清一二，是皆庠士何應章仗義出首之力也。前總憲丁公，題請崇祀名宦，展墓勒碑，遠近父老歡呼載道，繼以感泣。兹值學憲按臨，主持風教，仰體朝廷教忠之意，闡揚節烈。康年承流宣化，於公出處本末，不爲表彰一二，其無所辭咎矣。因不揣固陋，竊據見聞，敬爲之傳云。

公諱道憲，字元白，號江門，閩泉州晉江人。曾祖濱富公，諱轂；轂生仰濱公，諱佐；佐生葵一公，諱維忠。生三子，長早逝，次道甯，郡庠生，公居季。少聰穎，多夙慧，博覽羣書，兼通韜略。嘗讀書虎頭山，夜分不寐，虎聞聲避去。其爲文冰玉嚴潔，自出性靈。崇禎癸酉，年十九，補弟子員，舉於鄉。丁丑，成進士。有《悔後集》行世，宗伯曹能始先生序其首，稱公詩歌可與禰正平《鸚鵡賦》並存。筮仕雲南司理，丁父艱，未任。服闋，補長沙。蒞任先一夕，夢有衣冠而謁者，曰："我宋知潭州李芾也。"驚寤，心動久之。因詣李忠節公祠瞻拜，題云："煙火叢中十萬户，好個男兒；寶刀何事一千年，理應出土。"閱此，知公與李公其有同志耶。時邊烽告警，神京多故，公詩寄同鄉林子野先生，曰："知君能後死，看我獨先亡。"嗚呼！慨然殉國之志，早見於此矣。公在任潔己愛民，不畏强禦，摘伏如神。大署於門，曰："冤人一字，莫入此門；屈人一事，莫出此門。"巖巖氣象，狐鼠之輩争相斂跡。壬午賓興，公預分校，本房卷閱畢，主司以公年少才敏，將他房卷三千餘授公覆閱，一時入雋，楚無遺珠。

十一月，逆賊張獻忠陷襄陽，湖北失守。十六年，進逼湖南。公條陳戰守兩策數千言，當事不聽。吉藩退保衡州，他官皆後先遁，公時署府篆，練兵措餉，與總兵尹先民誓同守禦。會吉閣王明治具欵於賊，賊乘勢直搗岳陽。八月朔，圍長沙，公知事不可爲，作書奉母，有"報得君恩，顧不得母養"等語。嘗月夜單騎臨城審視險要，會賊十餘攀堞而上，公悉手刃之，持其首示賊衆，曰："汝等速退耶，必盡殺乃止耶。"賊少退。尹先民陰降賊，出戰詐潰，引賊逼城。公急出城中百姓十萬餘户於圍，以孤城自誓死守。賊稔知公愛民，聲言屠城，冀公降。公正色詈曰："寧殺我身，毋殺我百姓。"二十六日，城破。公朝服北面再拜曰："臣生未能滅賊，願以死報。"遂被執。百計誘降，公罵益厲。賊使尹先民説公，公怒曰："汝罪應萬死。恨不磔殺汝！"遂拳擊尹，尹避去。公從役九人，賊先殺其五，以懼公，公不動，且笑且罵，賊擲刀刺公胸，血濺賊首仆地，衆賊皆膽落。少頃，復以刃加公頸，曰："忠臣尚能笑乎？"公揚眉舉足，復罵曰："天朝何負於汝？王師至，汝輩族矣！"賊旋斷公足，裂公眉，公以手麾之，因斷公手，罵賊愈厲，乃鈎公舌，公含血噴之，遂毁公齒，公以眼鼻息作喃喃聲向賊，賊復抉眼劓鼻，寸磔而死。時昏黑三晝夜，天日無光，屈、賈祠中，鬼夜哭不止。

淩國俊者，公役從同死九人中之一也。賊殺及俊，俊曰："吾怕死，不至此，願葬主後就戮。"賊許之。起枕公尸，大哭，解衣裹肉骨並拾朱履，葬城南醴陵坡。葬畢，詣賊所請殺。賊義而釋之，俊不可，遂自經以殉。

次年春，恢復長沙。士民哀號，具呈當軸，特疏入告。贈太僕卿，謚忠烈，崇祀名宦，建祠置田。時同榜兵使者堵公允錫覲回，具衣冠改葬，率僚屬拜奠，更醴陵爲理靈，以公官司理易名也。又取所籍從逆紳士房屋十六間、田千餘畝，爲公忠祠田，刻沈香肖像，付祠僧，舉春秋祀典。滄桑後，祠地與田爲奸僧武劣所侵没，屢復屢廢。康年爲具始末，訴之撫軍監司守令，往返十餘載，僅清什之二三。兹吾閩遊宦及受廛兹土者，相率捐資重建，廟貌一新，歲時伏臘，謁祠拜墓，備物行禮。康熙二十二年，國俊之子文志，援李公芾死潭州、其役沈忠亦得從祀例，爲其父請。太守任公紹爌許之，附祀於祠，以示存殁事主無二心者。

公玉貌鐵骨，喜著縞衣，赤舄。尤善長嘯，每夜静發聲，如鶴唳。詩文援筆立就，有李青蓮風。癸未八月朔，郡西郭外農家有牛生子，火光燭地，人疑爲麟。公於是取生平撰著，編定年月，藏於篋衍。嗚呼！詎知爲絶筆哉！公字本二王，勁如其人。公生於萬曆乙卯年十月二十七日，殉節於崇禎十六年癸未八月二十六日，年二十有九。予爲公傳成，適公門下士桑子日昇出公遺書示予，有"千刀生事畢"一語。噫！此可悉公生平矣。

倪康年曰：從來爲國殉難，未有如公之慷慨從容者也。嗚呼！可謂烈矣。淩國俊九役，怡然相從地下，不學而能爲此，尤人之所難者。公不負君，役不負主，忠義之氣，與天地長存矣！康年誌此，以廣勵名教，非特爲枌榆揚私好也。

顯鶴案：倪君康熙四年令善化，檢邑志，《名宦傳》不載。文中歷敘清復祠田，倡修祠廟，是亦有功於忠烈者，而邑乘缺如，可嘆也。文敘次甚詳，獨云公署府篆及尹先民引賊事，則仍當日之譌說耳。

傳　　略

晉江蔡雲鵬

嗚呼！惟吾家江門公以明楚事贈太僕寺正卿，諡忠烈也。公生閩晉江之塔江，父葵一公，有穆行。公行三。嘗讀書卧龍館小樓，桐月榕風，逌然自得，使人想諸葛君。名士至，乃談古世興亡與其所自，則反覆淋漓。時政傳聞關得失，夜起坐，若身任其際者。愍帝丁丑，成進士。時盧公象昇去總理東南任，劇賊燎原。公歸省，遘葵一公憂，步行拜謝弔者。後補長沙司李，迎母歸。

地多劫掠，甘明陽、許廷寰爲魁，哨長周素材武，又挾客兵數百人逞，公憺以威略，皆就治。其吏緝盜，恒羅織，公出無辜者凡二百餘人，於是有“青天”頌矣。公之名熟於婦孺。而武岡祁陽民變，殺藩宗，長沙或糾黨，將效之，公弭其謀。茶、益、攸縣合萬人，申訴其長吏，院司莫何。湘陰馮餉部催徵不如法，民甲積薪圍衙，制府倉皇甚，先後待公以戢姦弁。周晉之假闖賊焚抄也，報常陷，公曰：“藉賊名耳，亟擒可得。”晉擒，直指劉邀公入常德綏民。賊破中州，且至楚，長沙日四五驚。夜傳賊至矣，則城外民争入城避，黠者因滋釁。公徐取琴書，裹布衾，去城十里卧。民以公在外，無虞也，返。比賊至，荆公募兵扼羅塘河，且編貧民城上。弱垛夫，强垛長，陰使人出穀飼之，富民争輸，貧民亦喜其得粟以食，以守城也。

自公奉檄涖長沙，勑使雷轟，飛書雨集，期月之閒，興大獄，起大師，定大難。郡守堵以壬午秋京行，公不視篆而實獨力搘拄，屹然繫星沙數十萬人之命。是冬，李賊襲荆、承，獻南犯澧、石、慈、安諸縣，楚騷動。荆鎮帥以惠藩依長沙，曰：“蔡推官在。”初，長苦藩屬之横，公立置虐民者於法而後以聞，非故事也。吉藩意不然，公曰：“百姓者，高皇今上之百姓，亦殿下之百姓也。今四方多難，殿下不保有其民，萬一不測，獨能與宗戚校衛共富貴乎？”藩嘉納。惠藩至，民彌囂然，公綢繆其間，得帖。

癸未五月，武昌陷，北撫軍奔長沙。公請屯岳，懼卒逸。公請南撫王聚奎屯岳州如所以請北者，撫軍檄徙長。公曰："既無恢復湖北之志，又棄岳南下，岳、長脣齒，守岳則長可保，而衡、永無憂。岳州棄，長豈能獨全哉？"岳帥孔偕撫驅萬騎來，所過殘毀如賊。尹先民者，廣鎮也，善戰以勇名。公先結之，與誓師江上。尹兵集，孔卒稍憚。撫軍聚按院劉、兵道許、長寶道馮、通判周、武昌司理傅、縣令吴、尹先民、孔全斌、郭、楊各總兵等明倫堂問策，公條列千百言，大略欲以吉藩居守，而文武臣各出城五六十里，分扼要害拒賊，可安外縣而資其糧，以少擊衆，我得地而賊造雲梯、竹船諸攻具且無所施。撫軍欲撤兵入城守，公曰："不戰，惡能守？"陳三弊，如爝照數計龜卜也。卒則請獨出設栅列陣，然後煩諸大吏爲城外視師之行。尹亦請，撫怒，遂散，士民環觀多泣者。賊詗知公策不行，喜卷甲趣岳州。城洞開，嘻嘻而入，遂指長。信至，吉藩命公庀舟以行。聚奎出兵，竪帥旗水次，稱欲戰，夜乃走百餘里，抵湘潭。當是時，截江堵山，除械輓米，貔貅奮，燕雀安，凡鎮人心而揚士氣者已月餘。公竭其一腔熱血，而先民亦據鞍憑陵思自効。自撫軍驅兵若兒戲，民摇撼，棄家其不去者，非感恩願同生死，即羸憫無復之耳。撫軍以其身爲衆倡，一時重臣、大帥莫有固志，相繼逃，向所募集各鎮兵三萬，亦皆鳥獸散。此公所以太息於天禍星沙，不得決策爲江上一戰，而坐困孤城，而扼腕者欲訴上帝，取負國賊臣之頭斷之也。嗚呼！城亡矣，然六千兵不動。

八月朔，賊至，裂撫旗，蟻屯數十里。獻呼曰："蔡推官！"公出敵樓，凭欄仰天而笑。獻顧其黨曰："好推官！"乃曰："蔡推官，吾軍中久知汝名，可降，毋自苦也。"公挽强弩射獻，中之，退十里。公以賊來未有備，付尹兵用間擊斬千餘級。賊盛，終不可敗。獻攻城，復温語勸公。公曰："若自攻，吾自守。"賊悉攻具併力，公隨制之。後見城上士大半死傷，乃以千人出北門，搗賊壘，大呼曰："男兒死，當在疆埸耳！"衆奮鏖戰，殺數千人。賊稍卻，始還。公又嘗單騎巡，手刃十餘賊越城者，賊穴城陷，吉閣送欵，公具袍笏拜闕，又南拜曰："某君親兩負，今日死，見高皇也。"蓋公孝且友，而太夫人時歸在閩，遂不得養。被執，獻下堂親解其縛，謝且欲延上坐，祟以僞爵。公叱曰："吾大明進士、長沙府蔡推官道憲，豈從賊耶！且汝西賊而走吾楚南，首領將旦夕莫保，乃欲官人污人?"獻終欲得公爲重，具饔不顧。衆擁先民至，狀猶舊。公奮縛，揕其胸搏之，曰："豎子何顔見吾二祖列宗!"獻以公故，不妄殺，謂不降，將如屠武昌事。公哭曰："寸割我，毋害百姓。"獻命剮。當公駡獻時，眥裂髮指，聲徹九霄，凜然顔、張復在。賊再三氣奪。比剮，則揚眉清婉，獻掩面，萬黨餘淚淋淋下。獻謂公："尚可活。"公駡益厲，獻亦怒，拔所佩刀擲公，中胸，血逆濺獻面，獻忽昏仆，甦，遂磔之，而公歿。

公生萬曆乙卯，盡節則思宗十六年癸未八月二十六日午時也。無遠近，聞者皆哀慟。賊據長，衡、永繼陷。先戰時，故人三欲俱存亡，公曰："親在，不許友死。"繡"千里相思"字，贈之歸。公屬詩文，不起草，千言立就。遭兵燹，存《悔後集》。梅花嫵媚，悉原鐵心。城陷，衙卒淩國俊、李師孔、陳賢九人者隨不去，賊逼使説公，九人曰："吾主可降，早去矣。"獻曰："不降，殲汝。"曰："我等偷生，亦去矣。"殺至五人，四人躍曰："願葬主而後受刃。"脱衣裹公骸，點血在地，拭之，葬於南城外之醴陵坡，遂自經死。長沙人爲公立祠墓上及太平街，皆以九人侍，置祭田。王正期、陳嘉祥亦舊役也，從公兄拾骸歸，爲太夫人述公盡節時事，哭不可止。嗚呼！廉頑立懦，良然。

公嗣知遠公恪遵先教。道光壬午，余遊楚南學使許公幕，學使夙心儀公，昕夕談次公如生。余小子展醴陵墳拜祠，因約序公《行狀》并《志乘》所傳，學使爲細書祠壁。迨旋里丁祭，偕族人往執事學宫祠内，因謹録之。先民由公所激發，非本志，後雖就戮，亦其捐軀不烈，遂臭遺也。公字元白，致命時年二十九。

論曰：公之幹濟，蓋埒建斗盧公云。文文山之議立四鎮也，欲建閫長沙而與揚鄱齊奮。昔人謂，行信國之策，宋可延。余以公謀獲遂，微獨長弗危，其大用之，以制閫外，而克舒其志，而莫撓其權，且惡知不足以蕩寇氛而扶一綫將顛之祚？公嘗夢文山，喜讀其書，集而易名，與二公同。然盧總理七省，公但藉一郡。盧之後用廢抗輿，其機屈；公之先因文行武，其勢艱。盧公戰死於鉅鹿之賈莊,有負二十四矢,而覆其屍以毋毀也,爲牧官楊陸凱一人。公就義,則九人從容殉之,皆由隸役。公少盧公且十歲,仕日無多,其設施如彼,其成仁取義,卓卓乎褫奸雄之魄,而名教是撑,又如此奇已。

惟聖朝以節義風天下,我高宗純皇帝褒厥忠烈,賜輓詩:"夜臺有路,帝闕無門。"蓋公才可大用,至遭萬割之兇,以盡其節,爲足感也。嗚呼!王聚奎者,肉食負國,如樞之陀盧公耳。先民亦安存公之正氣,其與天壤相敝哉!

附録 《淩國俊傳》

淩國俊,字瑞甫,世居湘鄉武障巡司,爲長沙司李蔡公幕卒。崇禎十六年八月,獻賊陷長沙,守將尹先民叛降,蔡公被執,時國俊等九人相從不去。賊素知公名,使尹先民誘降,公厲聲叱曰:"吾以義誓死,恨不磔爾以謝天下,爾尚何言!"賊又令國俊等説公降,"不降,爾曹亦死。"俊曰:"吾主可降,不至今日。吾輩畏死,不至此矣!"賊怒,先戮其五人以脅公,公不爲動,氣益烈,駡益厲。賊怒甚,遂寸磔公。賊衆觀者皆股栗,國俊獨從容謂賊曰:"緩我須臾死,俟葬吾主後殺我。"遂枕公尸慟哭,解衣裹其骨肉,藁葬城南醴陵坡上。詣賊所請殺,賊欲活之,俊不可,遂自縊以殉。

越四十年,俊子文志泣陳當事,命有司置主祔祀於忠烈祠蔡公座側。太守任公紹爌、郡丞熊公忠鶴,詣祠致禮有加。康熙四十一年,趙恭毅公申喬巡撫湖南,甫下車,率僚屬拜蔡公墓,并禮俊冢。於公側撰文鐫石,詳公本末,而於俊事亦附見焉。

附録 《陳世科傳》

陳世科,長沙人。以武藝事司李蔡公道憲。素號鐵腳苗,頗具義勇,爲蔡公所拔識。蔡歿於賊,義不忍負,自經於永豐倉。又,蔡公隸劉世鳳亦死之。

案:殉忠烈九人,淩國俊外,有李師孔、陳賢二人,見《行狀》。又,陳世科自縊於永豐倉,見《一統志》及趙恭毅所撰祠田記,《長沙府志》因而列傳。聞古老言忠烈致命在明月池，其地距永豐倉不遠，知世科即九人之一，合之劉世鳳，則知姓名者已得五人矣。

附録 《殉忠録》題詞 毛際可

殉忠録者，胥隸淩國俊九人，殉蔡忠烈公而死，其事甚烈。今年夏，余作《忠烈公廟碑》，既并列之，以愧夫人臣懷二心者。未幾，國俊之子文志，復號泣請曰："父死時，吾母朱氏年甚少，守節撫孤，語文志以父死難事甚詳。文志遂遍籲於當事，得以父主配食蔡忠烈公廟。更求海内賢士大夫褒揚之章，以垂不朽。"而其八人者，姓氏已不可考矣。是國俊爲盡忠，文志不失爲純孝也。昔韓昌黎答元微之書，謂甄逢之父濟不汗安禄山父子，而逢又能標白其先人事，載之天下耳目，逢與父俱當得書。則國俊父子，亦當附余文以見，而並及其母之苦節者也。若以貴賤而區别焉，豈所謂表潛德之幽光也哉！

丙寅仲秋上浣，書於湘江舟次。

附録 逸 事

王文簡士禎《池北偶談》云：蔡公道憲，閩人，以進士爲長沙推官。數夢與李忠節公芾酬酢，後流賊寇湖南，蔡殉節。潭人歲時報賽，常見二公往來，車騎甚盛。全州謝石臞良琦記其事云。

陶密庵汝鼐《石村初刻序》云：馮棖公嘗爲余稱，郭幼隗，天下奇男子，因得與訂交。未幾，堵牧遊來守長沙。又未幾，蔡江門以司李至。兩公皆留心當世，而蔡門庭尤峻，獨好幼隗，與堵公同。幼隗嘗偕棖公讀書城南江門，深夜上樓，望其燈火，或乘月一騎至齋頭，奏新篇、擊節，則縱談兵農律歷，盡所設香茗而去。去或爲長嘯，入雲拂水，聲若蘇門，曰："此嘯不傳久矣，獨爲子作，餘人未可妄得也。"亡何，楚氛遽烈，蔡公以抗節死，馮子繼之。幼隗奉老母避亂去，笥篋盡棄，亟收江門遺文，著帽絮中。南遷後，堵公復來爲學使、爲撫軍。每思江門，則引郭子與同歌泣。比來，幼隗自選其詩若干首，而取蔡公之遺篇與馮子之傳附焉。今海内論文章、節義,以江門爲何如人?而幼隗可以其詩、古文附蔡公不愧,則幼隗何如人也!

《長沙府志拾遺》云:康熙間,安化廖乘六、廖殿颺、王九溪諸人請仙降乩,忽淩國俊到,人問江門葬處,淩判曰:"提起江門雙眼淚,至今遺痛醴陵坡。"

又,陶密庵汝鼐有《湖南寇事詩》八十五韻,其略云:湖南血色日,赤盡千里秋。幾年尚苛歛,公闘民所仇。賊始建旗號,八月攻湘州。偉人蔡司李,獨與張許儔。歃血要守帥,謂尹先民也。豈知懷異謀。引騎突上關,須臾傾北樓。司李既抗節,孝廉亦被收。謂馮一第也。閹豎與逆將,閹豎謂黄明治,逆將謂尹先民與何一德也。左右于沐猴。

密庵又有《哀湖南賦》,其略云:"一旦竹房脱距,鄂渚燎毛,長驅賊隊,直上湘皋。帝子宵遷,撫臣潛别。路將欵漁陽之鼙,司理灑常山之血。遂令莪鷹者慷慨於死綏,賦鸚者悲歌以截舌。鼇初壘而稱王,猴沐冠而就列。"

案:密庵詩、賦,係親見其事。先民迎降,非誣。然謂其輸欵迎賊,則疑。當日憤而文致之詞,當以《行狀》爲信。

附録　逸　事

安溪李鍾份《秘園》云:昔有吾鄉顯宦過楚,舟泊河干,忽颶風大作,檣檝將傾。問舟人曰:"此處有何神廟?"或告之曰:"有蔡江門公祠。"顯者曰:"吾往謁之。"遂入祠,祝曰:"君自流芳百世,我當遺臭萬年。"長揖而出,風浪遂息。

歲癸未,壽星通籍歸,先君子方鼎新忠烈公祠,工將竣,忽棄其堂帳。於是,輟匠事幾兩載。服闋,繼綿先志,土木金碧,始足飾觀。譙落之辰,星謂族衆曰:"廟貌既有,以肅瞻拜。顧我公觥觥遺集,非廣加傳佈,則節義、才略,後人知有詳有弗詳矣。"僉議籌欵重刷,請星飭工責成焉。先是,公集版藏安平鰲西書舍,同治癸酉秋,有謀搨者,始移寄郡城書坊。市不戒於火,而版尚存其半,殆精忠所感,冥冥中默爲呵護耶。厥後,家明經克庸復檢校殘缺,倘茸需費,謀諸西溪宗裔啓泰與其仲兄資深,爲付剞劂,補而成之。甫數稔,損失又多,而遠近士大夫輒以不獲購閱爲恨。至是,復議刷印。舉板之漫漶者鏤明之,蝕腐者增易之。凡前輩所闕疑者,則一字未敢僭擬也。夫以我公顯忠明代,國朝重錫褒敭,豈必藉斯集以彰?然儀型所留遺,正氣所充塞,誠足興展卷者感激於不容已耳。爰序其概示後,並以著宗盟有力勷集事者。

光緒癸卯仲春,宗裔壽星謹識。

【校記】

①“勸令”:《明史》作“亦請”。

②“賊至”:《明史》作“賊逼”。

③“解其縛”:《明史》作“釋其縛”。

④“淩國俊”:《明史》作“林國俊”。

⑤“一卒”:《明史》作“四卒”。

⑥“賊陷瀏陽,二南往援,亦歿於陣”:《明史》作“後亦死”。

⑦“崇禎”:原文作“崇正”,據文意改。

⑧“崇禎”:原文作“崇正”,據文意改。

蔡忠烈公遺集卷二

忠烈公年譜

明神宗顯皇帝萬曆四十三年乙卯

九月二十七日，公生。見堵文忠允錫《蔡忠烈公墓誌銘》。倪康年《蔡忠烈公小傳》作十月二十七日。公諱道憲，字元白，號江門。按：公家海上，閩人謂海之岐汊爲江，故號江門。公有印，鐫"江水在門"四字。南安李葵南峥嶸爲余言如此。世居泉州晉江縣之墑江。曾大父穀，見益陽陳獻元雅琛《蔡忠烈公别傳》。按：《墓誌銘》濱富公諱穀。濱富，穀之號。大父佐，見《别傳》。按：《墓誌銘》仰濱公諱佐。仰濱，佐之號。父維忠，府經歷，《墓誌銘》葵一公諱維忠，以功曹爲府幕，不以五斗縈懷。按：明代謂吏爲功曹，謂府經歷爲府幕，典史爲縣幕。見于諸人集中者，不一而足。即堵文忠詩"李幕吴丞今已矣"。李幕，即長沙府經歷李完珍，亦其證也。由是言之，則維忠乃以吏員除府經歷者也。母盧太夫人。按：蔡知遠《顯考江門府君行狀》及《墓誌銘》皆不見公母姓。考公集中，有《懷盧砥菴舅師叔兼柬皇授表》、《五日感懷呈盧北公舅師砥菴舅師叔》、《催梅花寄盧藝伯皇授二表》諸詩，則公母爲盧姓明矣。公兄弟三人，長某早卒，次鍾殿，郡庠生。按：《墓誌銘》作道甯，蓋别名也。公丙子與兄書，"吾父母生吾兄弟，廑得二人"。則公之伯兄丙子前己卒矣。公官長沙時，有《送元昆兄歸舍》詩。攸縣劉杜三友光祭蔡江門先生文，"公兄元昆，馳義興"。堵公所撰《墓誌銘》：來則元昆，即鍾殿字也。公其季也。

四十四年丙辰　　二歲

四十五年丁巳　　三歲

四十六年戊午　　四歲

是歲，長沙吉宣王翊鑾薨。

四十七年己未　　五歲

四十八年庚申　　六歲

七月丙申，帝崩。八月丙午朔，皇太子常洛即皇帝位，改元泰昌。九月乙亥朔，帝崩。庚辰，皇長子由校即位。

熹宗悊皇帝天啓元年辛酉　　七歲

是歲，吉王由楝襲封。

二年壬戌　　八歲

《行狀》：公至孝，出天性。按：元本公作父，今僭改，以便觀，後倣此。八九歲時，文學君謂鍾殿。元本作伯父，今僭改，後倣此。從經歷君謂維忠。元本作大父，今僭改，後倣此。讀書郡城，公與盧太夫人元本作大母，今僭改，後倣此。居海上，食或不給。經歷君以公嬰年遭此爲慼，公故怡然，不爲愠色，以重盧太夫人憂。

三年癸亥　　九歲

《行狀》：經歷君少以豪聞，晚歲家益落。頻患海氛，乃僦居郡城。時諸葛滬水先生與經歷君最厚，推宅解衣。見公，乃大奇之。讀公文，則舉手爲經歷君賀，曰："有子如此，乃憂貧耶？"其愛公，未嘗以通家年少遇之也。按：經歷君僦居泉州府城，不能定其何年，要在天啓三年以後、崇禎三年以前。而此年有紅夷犯泉、漳之事，疑即所謂海氛也。故敘之于是。諸葛滬水，名羲，字基晝，晉江人，官山東副使。公集中，于諸葛士倫、士年，皆稱執叔，或逕稱叔，疑滬水之弟也。

《小傳》：公少聰穎，多夙慧。嘗讀書虎頭山，夜分不寐，虎聞聲避去。

《别傳》：公少端毅，有膽量，嘗讀書虎頭山，夜分虎嘯窗外，公書聲不輟，虎斂跡去。

晉江陳遷鶴《〈悔後集〉序》：遷鶴先世故宅在府治北之虎頭山，與公之居咫尺而近。按：公讀書虎頭山，不知何年事，姑附之是。

是歲，紅夷據澎湖，犯漳州海澄中左所，入厦門。按：《明史・地理志》，泉州府晉江東南濱海，海中有澎湖，同安西南有嘉禾嶼，即厦門。海澄，縣名，屬漳州府。

四年甲子　　十歲

五年乙丑　　十一歲

六年丙寅　　十二歲

七年丁卯　　十三歲

八月乙卯，帝崩。信王由檢即皇帝位。

是歲,惠王常潤就藩荆州。

莊烈愍皇帝崇禎元年戊辰　　十四歲

是歲,陝西流賊大起,安塞馬賊高迎祥自稱闖王。

二年己巳　　十五歲

三年庚午　　十六歲

《行狀》: 崇禎庚午,滬水先生督儲臨津,即寧津。與經歷君偕行。公同文學君讀書於先生之卧龍館小樓,清夜,桐月榕風,咿喔之聲達於衢里。性介,不妄交與。嘗苦吟得古人佳句,則詠諷終日。屬文未嘗起艸,劄牘累千言,援筆立就,不易一字。即在倥偬,而神思淵恬,筆畫遒妙,得其片函,皆珍爲拱璧矣。每出,山砠水涯,必窮幽陟奥,人跡罕到之處,異果甘泉,往往遇之。若在稠人廣座,率曠懷獨往,吟矚不顧。興之所至,選塲試馬,操舟渡妓,月白更闌,自譜新聲,指齒不形,微茫徐引,鳳鳴鶴唳,嫋嫋餘音,亦自云獨造,匪可摹畫者。及其談古今興亡與其所以成敗,則反覆淋漓,感歎悲歌。時政得失,得之傳聞,中宵起坐,如身任其際者。嘗夢與文文山對榻,手抄《文山集》。經歷君有執友、素器重公者,見輒艴然曰:“何不取李長源《韓范司馬傳》讀之? 此非盛世文,君何愛焉?”公歛容起謝,而好之不少衰,亦其天性爾。又少讀《楚詞》,嘗咏諷之,燕坐凝默,爲曼聲微引,聞之凄惻欲涕。識者謂有楚音悲激,屈、賈前身,亦一異也。性强記,讀書過目,終身不再目。講論敏達,不甚拘文義,獨出新義。趙恭毅申喬《蔡忠烈公墓表》: 公少穎悟,博覽羣書,兼通弢略別傳。公容貌温潤,博覽羣書,詩文援筆立就。善長嘯,夜静發聲,如鶴鳴層霄。通韜略,善騎射。按: 公集中有《送年神曲呈盧北公舅師遊雙鶴山》、《呈陳拙瑕師公》。師之可考者,有此二人。

是歲,米脂賊張獻忠起。

四年辛未　　十七歲

五年壬申　　十八歲

六年癸酉　　十九歲

是歲,公補晉江縣學生員。秋,中式福建鄉試舉人。冬,入都赴禮闈。《別傳》: 年十九,補諸生。《行狀》: 癸酉,舉於鄉,出句章徐之垣房。時年十九。

經歷君與滬水先生在京,報至,先生引滿爲經歷君慶,復自喜其有知人之明也。冬,入都。有《題小素美人扇頭》詩。按:公《丙子與兄書》:"弟此時直作乾坤一癡漢,遇平康紅粉,不惟無動於心,幾是木雞,不轉睛耳。"而此詩云:"我去長安雪在梅,美人爲貯别時杯。洞門若見桃花發,即是劉郎天上來。"必丙子以前入都之作,故敘於此,并以證是年公有入都之行。

《行狀》:公不喜遊權貴,晉江曾雲松維楨《蔡忠烈丙子與兄書跋》:公公車入都時,同郡蔣八公德璟、黄東崖景昉方居顯秩,以桑梓誼一投刺焉,而未嘗再。故東崖輓之云:"少年裘馬翩翩,惱我猶慚交味淡;泉郡衣冠濟濟,微君孰報國恩深。"蓋追紀公車時事也。

七年甲戌　　二十歲

公應禮部試,不第。經歷君及公歸里。《行狀》:公領鄉薦時,憫叔昆弟之孤,告經歷君曰:"古有九世同居者,兒不獲與仲母同堂,兒耻之。食指、婚冠,何有何無,皆兒責也。"即廣爨具,比椽共處,戒謝夫人,元本作"母",今僭改,後倣此。事仲母如母,事從嫂如嫂,奉御必取耆者。善體恤人情,食指近百人,能使各自厭足,畢如其意中所欲,其於家如此。經歷君有執友,公父事之。雖聲伎伶倫,凡經歷君所厚者,見必敬禮,長者兄之,少者弟之,畢出至誠。按:公中鄉試時,經歷君在京師。崇禎九年冬,公入都。明年,成進士。則經歷君南歸及與仲母同居,當在崇禎七、八兩年中。疑是公下第時同歸也,故書之是年。又按:公集中有元哲、元謨、元燕、元聲、元鼎,蓋皆公之從昆弟也。又,公集中有《移居河上》詩,"河",疑是"海"字之誤。其移居海上,當即是與仲母同居之時,蓋自泉州府城移家海上也。公集中有《自文圃歸輪江》詩,疑輪山、埄江、海上是一處,俟考。

八年乙亥　　二十一歲

九年丙子　　二十二歲

公入都,至兖州,諸葛滬水卒。《行狀》:丙子上公車,而先生謂滬水。已歿。公迎喪,悲痛長號曰:"人之云亡,邦國殄瘁。"坐卧喪車下,數日乃去。有《丙子與兄書》。是歲,孫傳庭禽高迎祥誅之,賊黨復推李自成爲闖王。

十年丁丑　　二十三歲

公在京師。是歲,公成進士。廷試三甲,授雲南大理府司理。旋丁父艱,未赴。有《帝城元旦》詩。按：詩云："獻頌於今逢十載。"知是此年作。《明史》本紀：三月丁巳，賜劉同升等進士及第、出身有差。

《行狀》：公丁丑成進士，列第九，爲掌科馮可賓房首卷。是科考試官張至發、孔貞運，會元吴貞啓。馮初欲元之，及見公，深以争之不力爲恨。廷試三甲，授雲南大理司理。經歷君卒。《行狀》：公歸省，始就道，而經歷君訃至。馳還治喪，哀毁骨立，卒哭，步行拜謝，時稱孝焉。

《墓誌銘》：年二十三，魁南宫，授滇南李。迎養，至中途，聞葵一公訃音，晨夕跣趨，哭不絶聲，杖而後起，以太母在，故勉一粥。

十一年戊寅　　二十四歲

公丁艱家居。《行狀》：公讀禮三年，無隻字。入郡邑，邑父母有同籍者，亦罕見其面。

十二年己卯　　二十五歲

公免喪家居。有《己卯寒曉入山謁諸葛三叔》詩。

是歲，吉王慈煃襲封。

十三年庚辰　　二十六歲

春，公之揚州。六月，歸里。秋，入都謁選。有《許若昂曾夢與余相遇於一官署，及余有維揚之行，若昂爲維揚守賓客，若昂之夢遂驗。感成一律，兼呈太守吴先生》詩。有《許若昂、張清奏俱在廣陵守幕中，不可相面，感至愁生。讀〈離騷〉以忘愁，既而雨中來不絶》詩。有《宿維揚天寧閣閲邸抄，太息者久之，因步藏經堂，見牡丹盛開》詩。有《荷亭留别廣陵諸子》詩。有《别廖孟符》詩。按：詩云："一棹廣陵路幾千，楊花作主挂榆錢。祇因故里桃花盡，笑我春風負一年。"則此詩亦作於揚州。有《口占惜别》詩。按：詩云"廣陵春去幾時回"，蓋揚州三月，别人之作也。合諸作考之，則自牡丹開至桃花盡，而春去時，公尚在揚州。《荷亭》詩云"殷勤池上蓮花發"，則蓮花時，公去廣陵矣。考公三入都，皆道經廣陵，然六、九兩年，皆以應試行，十年正月，已到京師，《帝城元旦》詩可證。六年，以梅花時行，《題小素美人扇頭》詩可證。《明史・選舉志》，會試在二月九日，則七、十兩年，皆不得於牡丹開、桃花盡、春去時尚在揚州。其北上謁選，則以中秋後行，九月、十月間已到京師，證見後。以是考之，則廣陵之游，非入都道中留滯明矣。又，推領鄉薦後，惟八年及十三年,可容廣陵之行。長沙廖大隱元度《楚風補》,廖國遴,字孟符,長沙衛人。崇禎丁丑進士。初任揚州司理,後擢户部給事中。嘗上疏請起劉宗周、鄭三俊。則孟符之在揚州,當在十年以後,十四年以前。以是定之,則公游揚州爲十三年事,審矣。有《歸棹松江》詩,有《次嘉興别鄭沖素》詞、《南歸懷許若木》詩。按:三作舊編《荷亭》詩後,疑是一時之作。《别鄭沖素》詞云:"雨冥冥兮六月寒。"《南歸》詩云:"便作思歸客,如何六月歸。"則公歸自廣陵,六月尚在道中也。八月,公入都。有《庚辰中秋讌繡香園》詩。有《北上謁選留别諸葛士年》詩,云:"只是中秋宴,莫言送我行。凉風吹滿耳,遊子畏别聲。"有《北上謁選留别諸社盟》詩,云:"凉秋霜滿野,我行良苦辛。"又云:"長安經行道,紅葉滿秋聲。"有《留别諸葛士倫叔》詩云:"青山欲送客,容易起秋雲。"又云:"馮君千古誼,熱酒破霜華。"按詩語,則謁選以中秋後行,明矣。有《建溪舟上與果玉言,諸公霜月下必能相念。因步子野韻,寄歸示意》詩。林子野,名垐。《明史》有附傳。有《四度仙霞嶺皆雨》詩。按:四度仙霞者,謂入都應禮部試二,游廣陵三,及此凡四。有《越浦第一日與果玉同賦》詩。有《題旅舍盆花》詩。有《山路隨谿,倏然萬狀,層波淺雪,閒葉深花,雖有同心,尚多殊遠。入山第二日賦》詩。按:行越浦之時推校前後,既非深春,亦非窮冬,則"淺雪深花",實狀層波,與"閒葉"非言景物也。有《轉入山幽處》詩。有《蘭谿壽王果玉》詩。有《與果玉遊西湖同賦》詩。有《庚辰五月湖游》詩。當作九月。詩中語可按。有《自雒江至西湖,與同行者三四别。今到塘西,而果玉又欲去,我因吟林子野詩,有一天好月人方去,滿地秋聲感可知之句,殊難爲情矣。書一絶於扇頭,俾攜去長吟可也》詩。有《有之淮上訪吴皜菴者,詩以寄之,率成武林山下》詩。有《青浦寄家中諸友》詩。有《念同社諸君,獨余與雨若北風驅馬,艱苦萬狀》詩。有《鷓鴣天賦秋閨》詞。按:詞云:"玉簟秋肌已漸寒,夢中那得至長安。黄花豈是相思艸,青鳥難爲千里翰。"玩其語意,是已到京師時所賦。其時猶有黄花,則秋末也。

十四年辛巳　　二十七歲

春,公補長沙推官。出都歸里,迎盧太夫人就養。夏,奉太夫人之長沙。《墓誌銘》:辛巳,改李長沙。《行狀》:服闋,補長沙司李,迎盧太夫人就養。有《都門留别諸同年》詩,云:"明月何曾隔,春江各自流。"有《車中夢林子野答句,憶得二語續成》詩,云:“河間二月不飛花。”有《東齊馬上口占》詩,云:“二月春沙撲紫裘,東風太晚入齊州。”有《夜月至東平州以兵衛行懷胡叔中》詩。有《辛巳北上補銓到汶上縣謁閔子祠》詩,云:“堪嗟遊子已經年。”按:合諸作考之,則謁選以春歸審矣。夏,公奉盧太夫人之任長沙。有《明日之星沙夜飲别諸葛叔》詩。有《惜别更留呈諸葛叔詩》。有《别詩步諸葛叔韻》。有《别元哲元謨阿昆季之長沙》詩,云:“去馬常嘶總不肥,葛蒲緑酒照人衣。年年只向花前别,艸艸無言月下幃。”有《楓亭别諸葛執叔》詩。有《楓亭和元燕》詩。有《登滕王閣》詩,云:“斷碑有氣生春艸,古瓦無痕繡紫煙。”合諸作考之,之任當以春、夏之交。

《本傳》:爲長沙推官。地多盜,察豪民通盜者,把其罪而任之。盜方劫富家分財,收者已至。召富家還所失物,皆愕不知所自。惡少年閉門謀爲盜,啓户,捕卒已坐其門,驚逸去。

《行狀》:豪猾魯之俞素使酒,爲兇暴,而膽量異常流。公密召之,之俞乞自效。數日,羣盜劫富人,方分財,之俞使其徒掩捕以獻。召富人給原物,賊與富人相顧,駭愕不知發姦何自。又有羣盜閉户謀劫,謀成,啓户,之俞已坐其門矣,盜相率遁去。之俞乞一役,更爲善士。有王二者,亦酒徒也,爲其母所訟。公初欲置之法,及見其俛首受刑,無怖無怨,公曰:“若能自新,吾勸而母。”王二叩頭流血,母亦感悔,相抱哭謝去。王二亦乞役。凡郡有盜劫,雖數百里,可立致。

《行狀》:先是多盜,故吏以緝盜爲功。民之賊怨者,率以盜相羅織。公視篆,出其無辜而陷死刑者八十人,株連得全活者百三十餘人。

《長沙府志》:公衙首自署云:“冤人一字,莫入此門;冤人一事,莫出此門。”

《行狀》:其在星沙,案判不事書牘,面質數語便爲鐵案。招成,必使兩造對讀,俱允服,乃遣去。每云,案牘文致正當得情之外,别爲解脱。而大奸巨蠹,雖百計漏網,見公自輸服。

《行狀》:初苦土寇,置客兵三百。事平,當事不議撤,又不爲區畫糧芻,乃大爲民患。有哨長周華宇,多力善搏,能手斃數人。而性殘虐,雞豚麻絮遇之輒盡，衆遂爲所使。曾斃一人於路，公遣數卒裹其面而致之。明日，其衆乃知，遂譁，擁入郡衙，當作推官署，語意乃明。聲震瓦屋。倉卒間，羣吏奔逸，有引公且避去者，公步堂前，呼其長，責以大義。公初至郡，始嘖嘖有賢聲，是輩故欲撓劫之。及見，不覺自驚。屈公出哨長，笞擊數百，垂斃而後遣之。自是郛落、市肆無敢動者。

《本傳》：吉王府宗人恣爲奸，道憲先治而後啓王。王召責之，抗聲曰："今四海鼎沸，寇盜日滋。王不愛民，一日鋌而走險，能獨與此曹保富貴乎？"王悟，謝遣之。

《行狀》：吉藩，賢王也。而宗戚多虐戾，民之狡黠者，率充校尉以自遈，田産佳者指爲藩莊，遂不可問。富人住屋，夜未之明，便當移去，或拘索數百金乃解。故事，藩府校尉，須請令旨，始敢治。公立寘之法，而後以聞。王意初不善，公曰："百姓者，高皇帝、今上之百姓，亦殿下之百姓也。今四方多難，郊郭變生，殿下不思保有其民，萬一不測，朝庭罪責必深。殿下獨與此宗戚、校尉共富貴乎？"王嘉納公言。爾後，宗民不法者，公第粘票門下，使自就治。宗戚慴服，虐浸已。

公履任，即交郡中賢士馮椳公、郭幼隗，有《馬踏夜城望南皋鐙火，疑爲馮子椳公、郭子幼隗讀書處》詩。有《郭金臺代古詩》，序云：丁丑，都門有以郭子代古詩授余者，余於《黨人碑》、《一字恥》、《手滑滑》等篇下評百餘言不絶，是時知其詩，初不識郭子也。辛巳，官長沙。揖郭子庭，見其人果如其詩。一日，召多士于黌宫，雜命詩題，以"礲之郭子三戰而三拔"。探其古文辭，尤奇，乃今而後，吾可以全交。交定，譽者至，毁者至，誹忌攻擊者且至。余課士日偶拈"遥憐山影外，人在剔燈寒"之句贈郭子，紙初落，遂有投筆碎硯、睁睁操鋒刃而起立者。余乃噴飯曰："文字交，雖蘇、張不能間，賁、育不能奪，嘵嘵何爲？"按："遥憐山影外"二語，在《馬踏夜城》詩中，則其詩亦作于辛巳。

寧鄉陶仲調汝鼐《石邨詩初刻序》：馮椳公嘗爲余稱，郭幼隗天下奇男子，因得與交。未幾，蔡江門先生以司李至，獨好幼隗。幼隗常偕椳公讀書城南，江門深夜上樓，望其燈火，或乘月一騎至齋頭，奏新篇，擊節，縱譚兵農律歷，盡所設香茗而去。或爲長嘯，入雲排水。曰："此嘯不傳久矣，獨爲子作，餘人不能得也。"按：幼隗名金臺，湘潭人。棖公名一第，善化人。

有《懷陶仲調》詩。按：《密庵集》中有《清秋報蔡江門》詩，有《甲午從幼隗寓中讀〈忠烈蔡江門遺集〉，有〈見懷〉一首，感而作，寄知己之痛云》詩。則仲調，亦公友也。仲調，崇禎癸酉舉於鄉。丁丑、癸未，兩中進士副榜。官廣東教授。桂王時，遷翰林院待詔，擢檢討。後薙髮爲僧，入溈山。

九月，公兄元昆至長沙。按：公《送元昆兄歸舍》詩云："去年九月八日，相見在長沙。今年七月方半，兩人一人還家。"考公十五年九日在武昌，《武昌九日》詩可證，則九月八日見元昆長沙，必十四年也。

《行狀》：嘗出謁上官，往反月餘，書檄堆積。盧太夫人在衙署，每以公體羸勞頓爲患。及公歸，部決片時立盡。便入署述道里所經，雜諸諧笑，以悦娱膝前。向之積牘，若無有然。

是歲十月，堵文忠公知長沙府。《明史·堵允錫傳》：允錫，字仲緘，無錫人。崇禎十年進士。官長沙知府。

《墓誌銘》：辛巳，公改李長沙，予亦來守是邦。公鋤暴雪冤，愛民課士，予師事公。按：公《送堵牧遊太翁入覲歌》："十月迎君南，十月送君北。"是歌作於十五年十月，則文忠到郡以十四年十月，明矣。

十五年壬午　　二十八歲

是歲春，公奉督漕通州之檄，遣謝夫人奉盧太夫人歸里。既至武昌，不果行，乃返。夏，以事巡歷茶陵、攸縣、益陽、湘陰各屬。秋，仍之武昌，分校楚闈。十月，返長沙。

《行狀》：時朝議以外解不前，設餉科，以給事中督省餉而發運輸京，則選理官之敏練者，當事遂以公名入告。公乃泣别盧太夫人，遣謝夫人奉盧太夫人歸。既而公不果行，而盧太夫人已發。每入署，見盧太夫人坐次，輒涕弗可止。題詩署壁，淚墨淋漓。或勸更迎養者，公曰："吾處燕在堂也，喪亂宏多，楚實先受之。吾未知死所，忍使慈母目見子狀乎？"

有《鄂城寓中劉杜三函寄酒卮一詩奉答》詩。杜三《祭文》：壬午春，公奉命督漕，予以銀甌進酒爲公祝轅。公寄郵函璧云：“此日應難醉，何煩寄酒盃。”按：杜三，名友光，攸縣人。原名自曄，號鶯傭。崇禎九年舉人。入國朝，官沙河知縣。

有《督漕寄飛是舅》詩。有《通州不果行而老母已歸書愁》詩。有《退食感懷》詩。有《寄元聲元鼎阿昆季》詩。按：詩云：“今復離長沙，通州一萬里。”則亦作於是年。有《湘水清》詩，序：牧遊先生爲我通州之行賦《湘水清》，長言悲壯，每誦便泣下。及通州不果行，返長沙，而先生已去荆鄂間，賦《湘水清》懷之。

有《四月一日》、《四月二日》兩詩。《四月一日》詩云：“壬午之年四月一，我之先君初度日。人間痛飲花甲週，泉下一杯未可必。”以是觀之，則經歷君蓋生於萬曆十年，壬午生公時，年三十四，卒時年五十六也。《四月二日》詩云：“今日滿堂賓客爲親壽，獨有天涯遊子坐清晝。”是四月二日，乃盧太夫人生日也。詩又云：“老人自謝蒼天佑。耳後明珠六十春，時與鄰家時復購。惟有太平去不還，萬曆風景難依舊。”盧太夫人此時亦六十，蓋與經歷君同年生也。詩又云：“大婦數客備酒樽，中婦手然鑪煙繳。三婦雁行思遠人，帖帖春衣隨嫂後。”三婦者，公自目其夫人，中婦則元昆之妻，大婦乃公伯兄之妻。崇禎九年前，公伯兄已卒，則公伯兄之妻亦寡居守節者也。

有《山賊戒嚴擐甲宿西郊安民》詩。按：此即堵文忠所破安化賊也。

《行狀》：茶陵、益陽、攸縣奸民相繼聚黨萬餘，申訴其長吏院司莫何。惟聞蔡青天來，即屏息以聽處分，至焚香跪迎數十里。

《行狀》：湘陰以餉科馮催徵不如法，民積薪衙署，斷其飲食，欲焚殺之。報至，餉部莊祖誨者時駐長沙，徬徨無計。衆云：“惟蔡青天去可治。”曰：“青天爲誰？”左右以公對。餉部躬詣公，懇令速行。公單騎馳百餘里，便服入城隍廟祝作粥食畢，乃召縣令，使請餉科來。民聞蔡青天至，空邑郊迎十里外，以故餉科得從吏舍旁牆穴中出見公，民知公已入城，大驚還，見猶未釋甲，公曰：“湘陰户未滿萬，且不從亂者亦半，郡兵三萬餘，爾輩豈不知耶？且此不過餉科胥吏爲奸弊，餉科不早察耳。餉科奉朝命而來，與州邑令失民心激變者異，若不早輯，異日屠城之慘，吾將奈爾何？”民感泣，公乃取餉科胥吏，盡法懲之，而湘陰以寧。按：餉部，當時以侍郎督餉者。《明史》楊嗣昌傳：天子遣一侍郎督餉，崇禎十年事也。後遂仍之與？餉科即《行狀》所云，朝議設餉科，以給事中出督省餉者。時餉部駐長沙，即《墓誌銘》、《行狀》所云，勑使雷轟者也。《行狀》云期月間定大難，當即指茶陵及湘陰二事。又按：湘陰縣令，是時爲楊開，字泰生，潮州舉人。至是，蒞任已三年矣。

《行狀》：有以明經爲祁陽令者，偶謁見違禮，遂疑爲假官。監司嚴法誣服之，仍推究其黨。奸胥因其困憊，稍全卹之，陰囑妄扳富家，至百餘人。檄下，公頗怪其事，取司票匿袖中，密召差役，授數字，凡同姓名者，刻唤集階下。乃多農之樸，富及商賈多財者，公立釋去其人，僅以其生涯申報而已。讞者怒不解，他州邑皆遵奉累縶，而至更相扳連，得不死者，亦傾貲百萬。數日，令之家屬至，知爲真令，而令已斃杖下矣。院司竟曲全讞者，以數百金畀令屬而已。而長沙無一人牽累者，公力也。按：此即《墓誌銘》及《行狀》所云興大獄者是已。

公兄元昆歸，有《書扇頭送元昆兄歸舍》詩。《廣輿記・蔡道憲傳》：張獻忠猖獗，連陷各郡。道憲知事不可爲，令兄歸省，曰："親老矣，兄善事之。弟與此城俱存亡耳。"

秋，公分校楚闈。《别傳》：壬午秋，分校楚闈。主考多其才，别授他房卷三千有奇，公搜閱甄拔，無留良焉。

《行狀》：壬午秋，分闈得士，皆時名。趙恭毅申喬《蔡忠烈祠田記》：先是，壬午秋，公預分校。時先君子以公安令偕入闈，一見如平生，以道義相期許。按：恭毅父名繼鼎，字叔新。

有《武昌九日懷人》詩。有《黄鶴樓夜飲惜别》詩。有《赤壁》詩。有《雪堂》詩。

《行狀》：九月，郡守堵公以覲行。

《墓誌銘》：壬午十月，公有事於會城，予以覲行過公小樓，秉燭夜話。公語予曰："子烏得去。子去，是無長沙也。"予亦曰："子速歸署。死而後已，吾子勉之。"有《送堵牧遊入覲歌》。

冬，公歸長沙。《行狀》：自公涖長，朞月之間，興大獄，起大師，定大難，勑使雷轟，檄書雨集，悉相咨决。然守在，尚或分任。及堵公行，公雖不視篆，而郡事頻仍交并，曉夜疲勞，棱棱然癯骨矣。

《墓誌銘》：予迂戇，動遘閔侮，公苦心綢繆，分痛同患。朞月間，興大獄，起大師，勑使雷轟，檄書雨集。予已創，而公亦病矣。有《坐茅齋遲高彙旃督學晚得汝寧信》詩。按：彙旃，名世泰，無錫進士。崇禎中，官湖南提學道僉事。著有《三楚文獻録》。汝寧信者,謂是十一月李自成陷汝寧也。

《行狀》:賊蹂躪中州,且至楚,長沙日四五驚。民間夜傳賊至矣,城外民急入城避賊,填塞街道,奸民因此搶掠。公徐取琴書,裹布衾,去城十里卧。民云:“蔡爺在外,吾屬何憂?”乃相率還。數日詗至,果無賊。

《行狀》:及賊漸入楚,至荆,公勸民守城,富人慳譎,所守與貧埒。貧人曰:“吾奈何爲富守?”公曰:“獨貧者守耳,富人勿守,甚善。”乃悉以貧户編城上,弱者爲垛夫,强者爲垛長,每十垛置一大斛,容十二斗。下令有警登陴,垛夫日給粟一斗,垛長給粟二斗。於是閭巷歡騰,争願守城。公乃於各城門擇便地爲倉貯穀,以飼垛夫。召諸富人曰:“若不守城,爲我守穀。何害?”羣吏皆竊笑,謂安所得穀而守之?不知楚人多懼有富名,公密議,使陰出穀,富人喜,各自謂上中下户,輸粟入倉,而一應守禦之計,凡召兵措餉、辦船、立營、消變、緝暴,制藥弩、備火具、守要害,靡不漸次整飭。又,是冬,李賊襲荆襄者率石、慈、安諸縣,瀟湘洞庭遂紛焉騷動。於是,荆鎮某犯澧,大衆擁惠藩走長沙,曰:“長沙有蔡推官在,長城也。”長沙已苦藩,及惠藩至,民愈摇撼,第愛公,無潰志。公苦綢繆不再月,勞來還集,上下始帖。有《壬午感近事》詩,云:“飄零帝子下帷幨。”按:此目惠藩出犇事也。有《北堂》詩。

是歲冬,劉熙祚巡按湖南。《明史·劉熙祚傳》:熙祚,字仲緝,武進人。崇禎十五年冬,巡按湖南。冬十一月,李自成陷汝寧。十二月,陷襄陽,據之,分兵下德安、彝陵、荆門,遂陷荆州。惠王常潤南奔。癸巳,焚獻陵。《明史·盧學古傳》:賊既陷荆門,遂向荆州。巡撫陳睿謨急渡江,奉惠王常潤南奔。《劉熙祚傳》:惠王避地至長沙。

是時,土寇蠭起。《長沙府志》:四月,邵陽賊劫掠寧鄉。《明史·堵允錫傳》:山賊掠安化、寧鄉,官軍數敗。允錫督鄉兵破滅之。《長沙府志》:余昇,衢州人,爲太守堵公客。崇禎壬午,從太守禦賊安化、湘鄉界。夜雨,賊至。昇振槊上馬,率數百人與賊戰,手殺七人,不勝而死。太守哭之,建祠於死事處。又立祠寧鄉北郊,曰“義士廟”。《寧鄉縣志》:余昇,柳林堡砦官。《寧鄉縣志》:崇禎十五年,夏旱,邵陽賊百餘人焚柳林堡、唐市入城,劫居民胡三台家,殺三人,遂偏掠居民而去。知府堵允錫躡其後，戰於倒牛坪。守備余雲岫死之。雲岫，疑即昇。又，生員姜中洽聚鄉人，自爲團總。時安化賊趨寧鄉，將抵長沙。中洽守險，賊不敢過。長沙太守堵允錫，遣將余昇逐之，戰於黄材横港之東，兵敗，昇死焉。中洽發團兵，乘賊不備攻之，入其營，盡殲之於横港之東。建廟祀昇。堵文忠《登憶江樓》詩："有客有客余將軍，張弓逐賊大虎坪。手刃七賊身劈裂，山頭白日摧雲昏。"

《岳州府志》：李自成既破荆州，華容縣胥役日夕思亂，乃聚黨迎賊。賊遣一别帥江一洪據華容。時岳州府知事鈕甲攝縣事，死之。賊剽掠鄉邨，東山民恃險抗賊，賊益兵攻之，民皆爲賊所殲。西里民皆載家避於湖渚，得免。

十六年癸未　　二十九歲

是歲春，王揚基巡撫承天，王聚奎巡撫湖廣，李乾德巡撫偏沅。夏，公同巡按劉熙祚往常德。五月返長沙，時張獻忠已陷武昌。王揚基、聚奎走長沙。公與熙祚大議增兵餉，募得壯士五千，日訓練之，與總兵尹先民扼羅塘河。聚奎聞賊逼，大懼，撤回長沙，公力争不聽。八月丙寅，張獻忠陷岳州。揚基、聚奎、乾德先後遁。熙祚奉吉王慈煃、惠王常潤奔衡州。丙戌，陷長沙。公死之，尹先民降。

《行狀》：常德弁周晉假闖賊焚劫，時報常德陷。公謂，此必叛將或奸民藉賊名耳，急捕可得。及晉就禽，當事獲其重賂，縱之。又擁其所掠名家女數人，匿廢弁韓鴻家。公白劉直指，并禽韓鴻殺之。按：周晉爲亂，在二月十七日。詳見下文。

《本傳》：巡按御史劉熙祚令道憲募兵，得壯士五千訓練之，皆可用。

《行狀》：劉直指邀公入常德安民，議增兵而苦無餉，公乃條舉其可那用者。直指云："公每譚郡中兵實，如指掌列眉，謂或因察盤能强記耳。常德未經巡歷，何由知之？"公曰："此無他，吏事暇，凡書志文移，無一字放過，以此知之。"直指大歎服。又甘明揚、許廷寰行劫江湖間，累貲巨萬，有司莫敢問。公懸重格購之，且以家貲充賞。無何，衆禽明揚來，公賞如約。而廷寰亦自縛以見。按：直指謂劉忠毅公。忠毅以五月巡常德。詳見下文。

有《泥山歌》。有《自滄港泥行》詩。有《午雨宿大龍驛》詩。

周汝爲二南請旌。長沙府推官蔡道憲申文，荆襄告變，奉憲臺面諭，推官蔡道憲與職及知縣吴應恂，謂李賊既已得志，張賊勢必跳梁。惟我星沙扼衡、永門户，作岳陽聲援，不有重兵，恐受禍不淺。且郡中劣衿梗姓開釁道隙，無以制之，憂不在外侮也。適部堂莊老大人題疏開餉，移衡、永副總兵尹先民，開鎮招兵，措餉、辦船、立營，外借先民之聲靈，内實竭憲臺之籌運與推官之心血，弭姦消變，緝暴安民。按：憲臺者，謂分巡下湖南道副使馮雲起也。莊老大人者，謂莊祖誨督餉侍郎。

《岳州府志》：劉熙祚歷巡常德，調衡、永副總兵尹先民守岳州。

《本傳》：道憲親將所募兵與總兵官尹先民等扼羅塘河。

《行狀》：先是，廣鎮尹先民善戰，夙有能稱，公邀結之，與誓師河上。尹亦感奮，爲公用。按：河上，即羅塘河，在長沙北關外，俗名撈刀河。河口濱江之山曰“駱駝嘴”，聲相近也。今壕塹宛然。先民開鎮，據申文，在陷武昌前，與《明史》異。今從申文。

《本傳》：十六年五月，張獻忠陷武昌，長沙大震。承天巡撫王揚基提所部千人，自岳州奔長沙。道憲請還駐岳州，曰：“岳與長沙唇齒也，并力守岳則長沙可保，而衡、永無虞。”揚基曰：“岳，非我屬也。”道憲曰：“棄北守南，猶不失爲楚地。若南北俱棄，所屬地安在？”揚基語塞，乃赴岳州。及賊入蒲圻，即遁去。

《行狀》：癸未五月，賊南下，攻陷武昌，戮溺殆盡。而北撫軍率所部奔長沙。公見，請還屯岳州，謂：“岳、長唇齒也，并力守岳則長可保，而衡、永無虞。”撫軍曰：“岳，非吾守。萬一有失，不徒令長安諸公笑我哉？”公曰：“棄北守南，尚不失爲楚地。若南北俱喪，亦未見謝過有辭也。”撫軍語塞，乃勉赴岳陽。及賊聲息稍近，入蒲圻、嘉魚，撫軍遂亦不抵長沙，直揚帆南去。其書有云：至今尚復有清議哉？陵寢且勿問矣！公執書長嘆而已。公《七月二十三日與人書》：鄂之初陷，北撫軍揚帆而南，徑入瀟湘，郧撫軍尚有守岳陽之志。及諸人皆勸北撫軍往岳協守，治撫軍遂卸肩而行。北撫軍鼓檝從之，近萬驕卒攜之江干，以小民爲雞豚，供其宰割。驕卒則留毒星沙，二撫軍長往不顧矣。按：北撫軍即王揚基。郧撫軍、治撫軍，皆謂李乾德。

《行狀》：武岡、祁陽民變，殺岷藩宗戚殆盡。長沙生員簡可大、羅士俊遂欲鉤連逆黨，更相效尤，謀成未發。公召二生與飲於署中，酒酣乃曰："武岡、祁陽之變，皆州縣長官之罪也。藩封爲虐，當輯之於始。逆謀叛黨，何處無之？縛而扼殺，一健卒之力耳。"二生惶怖輸服，跪乞就死。公笑曰："君輩井蛙籠鳥，亦何能爲？吾戲君耳！"二生出而變消。

《申文》：會武昌告變，人心轟然。七月十五日，憲臺率諸生申大義於李公祠。先是，司李夢李公諱芾者來拜，次早謂職言："疇昔之夜，李公入夢，我其後身耶？母老而不能養，嗣艱而無以傳，其若之何？然而，報得君恩，顧不得母養。"嘗唏嘘太息，至於流涕。按：憲臺謂馮雲起。

《行狀》：一日，對周判云，夜夢宋守李芾來拜，相與譚城守事，殊激烈。繼以痛哭，"吾無死所矣。"

有七月二十三日《與某書》，云："南撫軍受命五閱月，方自江右入境，裹回潭澤間，五日不能爲百里之程。諸衆初猶内畏，謂撫軍至，必有處此。今尚未見丰采，而觀其遲緩不速，羣無所憚，賊始驅馬上高山矣。所以望節鉞者，非爲賊也，爲兵也。賊尚能於殺戮之後，假行仁義。兵之慘毒，十倍之。故無節鉞，而兵愈得志，民望賊來。凡未經兵之地，民雖被賊，尚有牛羊倉廩。經兵之地，則釜甑、絮衣，無一或免。積勢至此，聖人頓爲之不可反也。星沙之民，幸未如公、石等處，勾賊爲亂，今以驕卒驅之，羣聚嶺腹，不復知有長上，楚事真不可爲矣。"按：南撫軍，即湖廣巡撫王聚奎也。

《本傳》：湖廣巡撫王聚奎，遠駐袁州，憚賊不敢進。道憲勸令移岳，聚奎不得已至岳。

《行狀》：南撫軍膺命已六月餘，駐袁州，逗遛觀望不敢進。公復請屯岳，如所以請北撫軍者，南撫軍駐岳。按：公七月二十三日《與某書》云：南撫軍受命五閱月。則王聚奎之爲湖廣巡撫，二月中也。《行狀》云：膺命已六月餘，則駐岳必八月初旬事也。

《本傳》：聚奎至岳，數日即徙長沙。道憲曰："賊去岳遠，可繕城以守。彼犯岳，猶憚長沙援。若棄岳，長沙安能獨全？"聚奎不從。

《行狀》：南撫軍駐岳數日，仍檄徙長沙。公曰："既無恢復湖北之志，岳州無恙，不於此繕兵固守，乃棄之南下，賊攻岳，尚慮長沙爲之援，若岳不守，長沙豈獨全哉?”書再三上,不報。而岳帥孔全彬驅萬騎踏蹂,擁撫軍偕來,所過二十里内外,豘犢薪豢爲洗。遂破湘陰,焚殺淫掠,尤甚於賊。百姓聞撫軍且至,老穉啼號,皆遮道言撫軍殘虐。且云賊破荆、黄,民率先期遁去,長沙無一人離異者,以使君故。今撫軍至,我輩無遺類矣。於是,富家巨室皆稍引去,有棲湖蕩以自全者。時尹先民兵集,而孔卒稍憚。按:此時尹先民開鎮羅塘河。數日,撫軍擁艨艟十餘,自所坐樓船吹導中軍,官牌鎖傳吏役民牽纜,索雇役借馬例金,虐甚。抵長沙界,道府官候河下,自卯及未,撫軍被酒,卧未起。時羣情洶潰,公私凋耗,井舍無煙。遠近驚傳,皆云賊旦暮至境,而撫軍胥役猶以供應不備爲恚,往來岸上追索。至晚鼓三通發銃,依轅門高呼唱進。中軍官唱:“推官蔡某進。”公曰故事,唱進衙耳。聲頗厲,撫軍意故不懌。公見,復以棄岳州非策爲言。其胥役尚欲遲明日進城,以一夕供應相苦。公曰:“推官職居守,當馳入城。老大人善自備,恐有饑民與舵工争一飱之飽,推官所不任咎。”撫軍色大變,反顧曰:“如此,如此,宜趨行。”是夜入城。

《劉熙祚傳》:巡撫王聚奎撤羅塘河兵,還守長沙。

《本傳》:聚奎聞賊逼,大懼,撤羅塘河兵還城。

《行狀》:明日,聚奎入城之明日。出示著尹總兵同標下中軍官曉夜巡本院更道。尹合營俱噪。公使人收所出示,其承差直入衙署,索示張掛。公笑曰:“亦未有以總兵官巡撫院更道者,且所懼城中之賊耶? 直洞開轅門卧可耳。”遂以其人令軍中,曰:“撫院欲總兵官别撥一官巡更道耳。”軍乃輯。據此,則王聚奎於道中撤尹先民兵,同回長沙也。公所募兵五千人,亦當於是時同撤回長沙。

《行狀》:又明日,王聚奎入城第三日。撫軍謁聖廟,召諸生習講,如出巡儀,無一至者。時按院劉、巡按御史劉熙祚。岳道許、上江防兼兵備道僉事許璟。長寶道馮、分巡下湖南兼兵備道副使馮雲起。通判周、名二南。武昌司理傅、武昌推官傅上瑞。縣令吴、長沙知縣吴應恂。總兵尹先民、孔全彬、郭天才、楊國棟等俱會明倫堂,撫軍曰:“守長沙,計將何若?”皆云蔡推官已有經畫。公因條列所以守長沙者,凡數千言。其大略,以吉藩居守,而文武官各出城,或十里、二十里,分要地拒賊。劉按院然公議,岳道、長道亦然公議。撫軍曰:“何蔡推官出一語,而諸公莫敢矯其非？頃所言，戰也，非守也。吾謂守尚未可必，又誰能戰？”公曰：“不戰，惡能守？今約兵三萬，而僅糧足一月，勢當取給外縣。我在外，則外縣安；守内，則各縣不攻自破矣。縣破，又安所得糧？此不可，一也。兵法云：十則圍之。聞賊衆十餘萬，造雲梯、竹船諸攻具甚備。我居外，可以少擊衆，彼攻具皆無所施。在内，則坐而受困耳。其不可，二也。且自獻賊猖狂，推官坐不安席，凡數月矣。所以增兵設餉爲戰守地，今聚三萬兵於城中，何處安頓？則患乃在兵多，變在内不在外矣。其不可，三也。又，賊自破荆、承、武昌，皆不戰不守。彼驕無鬬心，且頗知某名，若知布置有方，或不至，亦未可知。即至，而我已有以待之。萬不獲已，惟某與先民在外，請列陣設伏，然後煩諸大人爲視師之行。如以爲未當，撤回未晚。”公反覆曉諭，繼以涕泣，且曰：“城之存亡，係在今日，老大人决無再計。”撫軍不答。總兵尹先民曰：“蔡推官所言，皆碩畫也。先民願决一死戰，若同困孤城，異日悔之何及。”撫軍作色曰：“總兵欲反耶？”先民曰：“先民不反，誤人家國事者，乃真反耳。”遂各散去。是日，士民環集觀聽者數萬人，莫不憤惋泣下，及晚相率揭家遁去。向來守禦之計，一旦俱盡矣。

《本傳》：聚奎既撤羅塘河兵還，道憲曰：“去長沙六十里有險，可栅以守，毋使賊踰此。”又不從。

有《送石拙之攸》詩。按：石拙，周二南號。《本傳》：通判周二南攝攸縣事，申文十六年八月初，職蒙撫臺王、即聚奎。按臺劉即熙祚。及奉憲臺謂馮雲起。委職，至攸縣交卸。司李愈愴然，謂：“共理尚虞其艱，獨力將何以濟？然攸亦吾民也，其好爲之。”職去不十日，而岳陽陷。

《行狀》：賊諜知撫軍至長沙，喜曰：“有代我取長沙者。”及知公計不行，益喜，遂捲甲夜趨岳州。至岳，四門洞開，賊荷戈笑語而入。蓋撫軍胥役皆賊詗也，凡事即馳以報。賊始不敢正視長沙，至是遂放心南下。信至，撫軍益懼，即召諸將吏入城，云：“凡言戰者，請先以反國奏誅之。”先民入見公，曰：“撫軍動以‘反’字加人，此豈可耐！且先民來保長沙，以先生故，亦欲圖尺寸之功，爲國家效死。今城外營寨百餘，江防區處嚴備，要害堵截，兵精糧足，士奮百倍。先生心血已竭,先民夢魂亦願得一當以上報君父,下答知己。乃一旦棄之,欲坐困孤城,異日者,圈豕籠雞,手捉繩牽就戮。先生其謂之何?"公曰:"天不祚長沙,使斯入來此。公第還衡州,招集豪傑,長沙存,足以犄角,不存,速圖恢復。"先民曰:"城亡在旦夕,先去於義不忍,俱死於國無濟。"乃流涕而出。

《行狀》:夜,公視城還,有一人著青布袍,從三四人來見,審視之,乃吉藩也。公驚跪曰:"殿下胡爲至此?"王曰:"撫臣誤我。"因哭不能言。公曰:"長沙尚可守,第撫軍意,非某所敢知。殿下若能委曲曉諭撫軍,與某協力同心,猶可圖也。"王曰:"吾使人矙其所爲,已束裝爲去計,第欲置吾與先生於死。吾易服來,乞先生一號令去耳。若復相留,徒死於此。"公仰天歎曰:"大事去矣!吾亦何言。"即上馬,護其宗屬庀舟,而送之登舟。王戀戀不舍,欲懇公偕行而不敢發口。明日,遣十校尉、二丞奉宣令旨,欲與公一言,具書云:"寇盜臨門,權宜去國。傍撓中牽,困我大賢。遇人不淑,天實爲之。感念相存,倍思共載。"又云:"匪兕虎而率曠野,皆烏狐而亟只,且延頸江干,艤舟以待。"公回書再拜,不奉教。校尉宣令敦切,跪移時,公終不答,乃去。

《行狀》:明日,撫軍先發本部兵於城外,爲水陸二道,拘集民船,豎帥旗於水次,然後嚴裝擁甲,下令曰:"蔡推官向所議甚是,吾固欲用之。吾當親統軍於外,推官居内,攻戰之事,吾身任之。城之完否,則有專歸。"公曰:"方賊破岳陽,推官舌敝唇焦,懇撫軍分遣諸將營伍整飭江防,堵截要害,以逸待勞。反撤兵入城,曰'有言戰者,以反國奏誅之'。今去賊二百里,旦暮且至。城中兵三萬,將數員,不聞别有調發,而獨率本部千人,欲身任攻戰之事,雖三尺孩童,亦知其爲走計矣。且地方者,撫軍之地方也。《會典》推官無死城之責。今既委之而去,又卸罪於人,曰'城之完否,責有專歸'。推官固必守,守而不完,固決死。何撫軍去之疾而言之易也?則請與撫軍立軍令狀,若能全師在外,寇未臨城,變生城中者,推官之罪也。若委兵潛遁,寇來不禦,不知爲誰之責與?"撫軍曰:"唯唯。"於是,親立軍令狀,諸道將同簽押。交授訖,遂撥一道二副將及推官傅上瑞等從撫軍出城。撫軍疾登車去。公使覘之,云:"撫軍即夜乘小舟馳百里，天明已入湘潭矣。"撫軍去，而一時在事諸人，重臣、大帥，皆相繼遁，無一存者。居民自撫軍至，已稍引避。及撤兵入城，復驅兵出城，數日之閒，喧鬨搶掠，雞犬亦盡，城中哭聲震天地。其不去者，非感恩願同生死，則羸弱無復之者。向所招集各鎮兵，見勢不可爲，亦散去，獨先民所部六千兵不動。公乃盡以其衆置城上，躬爲粥啜之。衆皆泣。

《行狀》：先是，公有友三人，閒關歷險，達圍城中，欲與公俱存亡者。至是，公急遣之，曰："父母在，不許友以死。諸公縱重義，獨未學禮乎？"遂命酌酒爲別。三人者，泣涕交横下，曰："何持報君家？"公正色曰："此豈某顧家之時？"曰："亦當得數言。"公曰："城亡身死，無可言者。"曰："君未有子。"公曰："兄子，吾子也。教以禮義，無玷家聲，足矣。"曰："何以報君老母？"公忽痛絶仆地，有頃乃甦，南面四拜，痛哭曰："母生兒不孝，不能復侍膝下矣。"援筆草數字，云："使吾不得決策爲江上一戰，而坐困孤城者，天也。事若可爲，宗社之靈，老母之福。"書畢，授三友。因朗吟文文山詩句，云"我死誰當收我骸"，吟數遍，賓從、胥吏皆啼泣，莫能仰視。於是，遣二騎送出城，而賊遊騎已薄城下矣。是日，八月二十二日。

公七月二十三日《與某書》：親朋不遠數千里而來者，至則貿貿然去。道憲之身付之極天怒濤，不復知所際也。薦卿、弢熙、若木猶拳然署中，未忍棄去。顛沛之日，交道真焉。按：薦卿，姓蘇。弢熙，姓吴。若木，姓許。皆見公集中。《行狀》云：閒關歷險，達圍城中。則三人之至，必當在十五年冬，長沙戒嚴之後。余初撰公集，後序謂三人者，一爲郭幼隗，一爲馮棖公，其一不知何指。後從南安李峥嶸借摹公七月二十三《與人書》手蹟上石，始知爲薦卿等三人也。

《行狀》：二十二日，公坐敵樓中，賊前哨至，先奔水次所豎帥旗，見寂無一人，大笑，裂旗以辱城上戰士。無何，獻忠大隊繼至，衆數千萬，連營二十餘里，望如蟻屯。獻忠立城下，呼曰："蔡推官！"公出敵樓，凭欄仰天而笑。獻忠懸視，還顧其衆曰："好推官！"乃曰："吾軍中無大小，皆知汝名，勸吾勿犯汝。宜速降，勿自苦也。"公顧先民曰："速放箭。"先民發箭，中獻忠馬，再發，復中其左翼。獻忠急入營换馬。於是，各相攻擊，賊死數百人，夜退營數十里。公謂先民曰："賊遠來，未必有備，公可一行。"先民許諾，乃選精兵二千人，從間道去，破殺千餘級。第賊衆，終未可敗，天明引還。

《行狀》：日中，獻忠怒，并力攻城。晚復至城下，曰："傳語蔡推官，吾聞他忠義，惜他年少，愛而弗攻也。彼知王撫軍胥吏、兵將皆吾人否？城中虛實、計策，吾盡知之。吾衆投鞭斷流，又何有於此城？"公亦遣人傳語云："若盡攻擊之術，吾盡守禦之方，城亡身死，勿復多言。"獻忠怒而去，乃盡出其攻具，曉夜攻擊。公隨發而隨制之。公數日不入署，署中三僕攜羹湯登陴，見公左手持小旗，右手操杓勺餉士，聲啞，骨瘦如柴，幾不可辨識。三僕環跪而泣，公但語僕云："城破，若急走，無戀我爲。"

《行狀》：二十四日，公見賊曉夜輪番攻擊，城上戰士死傷過半，其餘亦力竭不任，乃與先民以千人出北門，搗賊壘。公大呼曰："男兒死當在戰場耳！"衆皆感泣，爲殊死戰，無不一以當百，殺賊至數千人。賊稍卻，乃引還至城門，從者四百騎耳。賊乃盡以其衆合圍而攻之。夜半，公鳴鼓不聲，衆皆怖，慟哭。

《行狀》：天明，賊爲穴道穿城，城中亂。先民曰："巷戰尚可活。"猶上馬呼殺。公曰："毋庸矣！"乃釋戎服，取衣冠，北面再拜曰："某君親兩負，願死見高皇也。"遂被執。獻忠聞公至，下堂以待，親解其縛，曰："下卒無知，誤犯高賢。"公怒罵曰："獻忠！吾恨不磔汝尸萬段。今日之事，惟速死耳。"獻忠歎曰："蔡推官後生，勿使氣，富貴可共，何自苦乃爾？"公罵愈力。獻忠顧其黨，且引去，遂監公黄道門，使其衆百計説降，公終不可。有頃，賊具食。又頃，具供帳，皆不答。

《行狀》：明日，謂城陷之明日。衆擁先民來，公視先民衣冠如舊，疑已降，曰："汝來何爲？"先民跪，低頭。公曰："汝忘江上誓師時耶？"先民曰："豈敢忘之。"曰："不忘，胡作耳？"先民曰："使先民不能戰、不能守，而死固也。"公曰："今日尚云能戰能守乎？"先民尚欲有所言，公怒踢其牙流血，衆乃掖先民起。先民哭曰："吾豈負蔡公者？吾終必死，死當訴上帝，斷誤國者之頭也。"於是，衆復以公見獻忠。公見，極力罵詈，且揚天朝威德，目眦盡裂，頭髮上指。獻忠曰:“吾入武昌,盡屠之。以汝惠愛,不戮一人。汝不從吾,今盡殺城中百姓。”公哭曰:“寧寸割我,毋害吾百姓。”賊知終不可降,乃命剮之。公初怒罵,至剮割,則揚眉清婉,顧盼笑語,有若生平。當時賊環視萬餘人,無不咬牙股栗,淚淋淋下者。獻忠復下堂與語,謂:“公尚可活,何良苦爲?”公噀血叱之,曰:“獻忠!吾爲厲鬼,殺汝也。”獻忠怒,拔所佩劍擲公,中公胸,血逆濺其面。獻忠忽昏仆,良久乃甦。遂磔斷公尸,刀數折。而公歿時,二十六日午時也。

《申文》:賊終欲得司李爲重,迫降將尹先民説之。司李見先民,怒益甚,眦裂髮指,謂:“我爲汝豎子所誤,汝將何顔以見我二祖列宗!”賊知志不可回,以司李最愛百姓,謂:“汝不降我,殺爾百姓。”司李乃放聲大哭,曰:“願速殺我,莫殺百姓。”哭止,而又繼之以罵。賊首乃掩面,命剜司李,刃數爲斷,刺至心,血濺上座,賊首昏仆,久而得甦。蓋八月二十六日午時也。一時城市、郉落遠近傳聞,無不如喪考妣,悲痛失聲。

《墓誌銘》:賊嗾降將尹欵語公,公瞪目直視曰:“爾爲衛律耶,朝廷何負爾?”而反奮縛,揕尹胸而搏之。公數賊罪,又揚天朝威德,大辱賊。賊乃剮公,公就剮,罵不絶。左右皆流涕,發喟曰:“南朝僅見李侍郎也。”

《本傳》:賊曰:“汝不降,將盡殺百姓。”道憲大哭曰:“願速殺我,毋害我民。”賊知終不可奪,磔之,其心血直濺賊面。

《行狀》:初,有衙卒淩國俊、李師孔、陳賢等九人,艱難中侍公不去。國俊,良家子。父兄讀書,皆郡庠。國俊以事入役,嘗言:“上天下地,除非斷頭,必不負蔡爺。”賊初執公,諷使勸公降,俊曰:“如吾主可降,亦去矣,不有今日。”賊曰:“不降,爾亦不得生。”俊曰:“若我輩願生,亦去矣,不有今日。”賊遂併殺九人。自一至五,皆延頸受刃,無少卻者。尚四卒,忽奮然曰:“願且延旦夕,葬主而後受刃。”賊許之。於是,四卒解衣裹公體,血肉狼藉,凡點血在地,皆拭之。相與埋於南城外,地名醴陵坡。葬畢,四卒自經死。

《本傳》:健卒淩國俊等九人隨不去,賊亦令説道憲降。國俊曰:“吾主畏死去矣,不至今日。”賊曰:“爾主不降,爾輩亦不得活。”國俊曰:“我輩畏死亦去矣,不至今日。"賊并殺之,一卒奮然曰:"願瘞主屍。"賊許之,乃解衣裹道憲骸,瘞之南郊醴陵坡,遂自刎。

《一統志》:健卒淩國俊、陳世科九人俱從死事。

《祠田記》:當時死賊者,幕卒淩國俊、陳世科。

《長沙府志》:陳世科,長沙人。以武藝事司李蔡道憲。司李歿於賊,世科不忍負,自經於永豐倉。又,蔡公隸劉世鳳,亦死之。九人俱稾葬公旁。按:古老言忠烈致命在明月池,其地距永豐不遠。世科、世鳳皆在九人之中。合淩國俊、李師孔、陳賢,則知姓名者已得五人。倪康年《蔡忠烈公小傳》:康熙二十二年,國俊之子文志,援李公芾死潭州,其役沈忠亦得從祀例,爲其父請。太守任紹爌許之,附祀於祠。又按:國俊,字瑞甫,湘鄉武障司人。

《小傳》:公爲文冰玉,嚴潔自喜,有《悔後集》行世,宗伯曹能始學佺序之,稱公詩歌可與禰正平《鸚鵡賦》並存。又,公玉貌鐵骨,喜著縞衣、赤舄。尤善長嘯,每夜静發聲,如鶴唳。詩文援筆立就,有李青蓮風。

宋俊《蔡忠烈公别傳》:公修髯鋭下,好白衣,曳珠履。

陳獻元《公别傳》:公容貌温潤,博覽羣書,詩文援筆立就。善長嘯,夜静發聲,如鶴鳴層霄。通韜略,嫻騎射。其守孤城也,號令嚴明,指畫皆莫測。縞素、赤舄,有輕裘緩帶之風。

《明史》本紀:正月丁酉,李自成陷承天。巡撫都御史宋一鶴、留守沈壽崇等死之。又,庚申,張獻忠陷蘄州。

《澧州志》:正月二十九日,流賊李自成遣其黨入安鄉,知縣金許增仁和人。挈家匿民間。賊入城三日,焚署樓而去。許增乃出,戮亂民數人,遂逃。時許增攝華容、澧州事,并三印皆棄之。

《常德府志》:二月十七日,偏沅標下小帥周晉,在常德聞賊黨渡江,因爲姦,焚城中居民房舍,劫掠財物、子女,火半月不息。監軍道熊飛、總兵温如珍、副將莫文領兵救火,捕晉禽之。

《澧州志》:二月十八日,流賊李自成遣其黨顔逢聖及僞安鄉縣知縣吴之錫據安鄉。

《明史·劉熙祚傳》:十五年冬,巡按湖南。明年二月,抵岳州。檄諸將分防江滸，偏沅、鄖陽二撫聯絡聲勢。

《岳州府志》：先是賊破荆州，官軍南竄，多集岳州，掠食鄉邨。及巡按御史劉熙祚至岳州，戢歛逃兵，禁其剽掠。檄參軍孔全彬營七里山，防賊南竄之路。分遣諸將復華容、石首、監利諸縣。禽賊帥江一洪，斬之。

《明史》本紀：三月丁未，賊陷武岡，殺岷王企鏗。

《武岡州志》：崇禎十六年三月初二日，土寇袁有志等破城，殺岷王。知州譚文佑討平之。按《本紀》：二月乙丑朔，則丁未，非三月初二日。疑《本紀》誤。先是，岷王企鏗以庶子入繼，《明史·諸王傳》：企鏗，禧靖嫡次子。黷貨貪横，蓄怨遠邇。罷吏袁有志密結受害藩戚鄧之沛、之澄、郡隸胡選及馬老牛、鐵將軍等烏合萬餘人，起黄橋鋪，直逼城下。城陷，王率宫嬪宵遁，不得脱。次晨，執殺於殿階。宫室一時灰燼，死者無算。知州譚佑文素得民心，先夜潛出，偕吏目王之道從西鄉召義勇數千，會城中逃散士民，獎勵忠義，衆皆感泣。初六日，攻城克之。獲寇首之沛等，駢斬於演武場。賊衆死者近萬，街衢尸塞，惟有志脱遁。初十日，復集衆數萬圍城，人心惶惶。文佑躬自鳴金，督衆堵敵，馳檄鄉遞赴援，賊衆餘氛益熾。

《澧州志》：三月十七日，巡按御史劉熙祚遣副將楊國棟領兵復安鄉，擒賊將顔逢聖、僞知縣吴之錫，斬之。

《澧州志》：三月，賊將馬守應、即老回回。任光榮、孟長庚陷澧州。華陽王至漶、知州葛遇朝、中軍陳彦中皆逃。慈利生員姚士俊客華陽王邸，賊至，冠服危坐，遇害。澧州民毛二、龔之愉、趙寡婦起義，不克，被執，皆罵賊死之。慈利知縣趙羽民募兵守險，賊不得進。

《桃源縣志》：癸未春，任光榮、孟長庚犯縣境，鄉宦羅名臣、羅其鼎、生員向日升團練鄉兵，擒賊别帥錢某，頗有斬獲。

《武岡州志》：四月十四日，檄黎靖參將劉承允統官兵至。凡五閲月，俘有志，磔之，脅從就撫，悉平。

《岳州府志》：劉熙祚既恢復四縣，而偏沅巡撫李乾德亦至岳州。闖賊僞防禦使孟長庚、僞將軍任光榮引衆從澧州渡湖向岳州。熙祚、乾德與上江防道僉事許璟江西人。率兵禦之,遇於湖中,三戰皆捷。四月十一日,賊衆過城陵磯,官軍以筏載大礮攻沈賊舟十六艘,賊乃登岸,於磯東五里潛渡出官軍後,總兵孔全彬先以兵伏於蓮花塘,賊遇伏大敗,遂北走。自是闖賊不敢向岳州。而乾德旋沅州,熙祚巡常德,皆去岳州。

《明史·張鵬翼傳》:李乾德,西充人。崇禎四年進士。十六年,歷右僉都御史,撫治鄖陽,未赴,改湖南。時武昌已陷,乾德守岳州。

《澧州志》:賊既失安鄉,設僞知縣于焦圻,以吴紹先爲之。及孟長庚等北遁,官兵至焦圻,紹先亦遁去。

《明史·劉熙祚傳》:馬守應據澧州,窺常德,土寇甘明揚等助之。熙祚馳至常德,擊斬明揚。五月,還長沙。

《明史》本紀:五月壬戌,張獻忠陷武昌。崔文榮傳賊攻武昌,時監軍參政王揚基已擢右僉都御史,巡撫承天、德安二郡,未聞命,尚駐武昌。見勢急,與推官傅上瑞詭言有事漢陽,開門遁去。按:二人走長沙。

《岳州府志》:五月二十日,張獻忠陷武昌。進破咸寧、蒲圻諸縣,遂向湖南。李乾德聞岳州有警,馳至岳州,與總兵李希貴《流賊傳》作孔希貴。修戰守備。是時,城中居民散盡,廑與兵吏守空城耳。賊別部至,乾德令軍士詐爲居民,迎之入城,設伏待之。賊黨至,遇伏發,盡殲之,留四賊,刵其一耳而貫其一耳,以箭縱回,賊以爲辱,益兵進攻。乾德立空營,植旗幟,置礮於營外,覆薪其上。賊以火攻營,礮發斃賊數百人。賊益怒,水陸並進。乾德具戰艦,載軍士於中流,度矢石所不及,即止。賊争擊之,矢礮咸盡。乃少進其艦,與賊戰。又分兵從陸路邀擊之,賊引卻。按:此後王揚基至岳州,而乾德去岳州,揚基亦走。詳公七月二十三日《與某書》及《行狀》及《明史》本傳,皆見上。

《張鵬翼傳》:李乾德走長沙,岳州陷,轉徙衡永。按:《明史》謂乾德走而後岳州陷,與公《與人書》合。《岳州府志》謂岳州陷後乾德始走,非。

《零陵縣志》:七月初一日,祁陽民馮異反。先是,萬曆末年,岷王支族禋洿襲祁陽王,就藩祁陽,數爲貪暴,祁陽人苦之。異因聚衆萬餘,謀殺王。王覺之,遁於廣西。異疑王匿於永州府城,遂率其黨進圍之。時推官吴晉錫攝知府事,遣人諭之,異等不從,焚城外居民數千間。晉錫與新除廣西都司僉事、零陵唐鎔共守,屢戰殺賊數百人。賊解圍,遁去。

《明史》本紀:八月丙寅,張獻忠陷岳州。

《岳州府志》:獻忠屢困於乾德,悉其衆二十萬圍岳州。八月十五日,城陷。《明史》本紀丙寅是月之五日,以《行狀》"受命六月餘"及公《書》"受命五閱月"推之,知聚奎之到長沙,以八月。又以《行狀》所載,及《申文》推之,陷岳州,當在十五日。本紀誤。巴陵教諭、桂陽歐陽顯宇時攝巴陵縣事,死焉。副榜舉人李興瑋乞師於諸鎮,一家四口爲賊所殺。賊入城,行郊祀禮,分黨掠諸縣。平江諸生童光楚率鄉兵援岳州,至新牆,巴陵地。遇賊,力戰死之。賊黨入平江,授主簿楊如雲以僞職,不從,賊怒,投之石碧潭,駡不絶口而死。賊更以姜維爲僞知縣,招連雲山土寇爲將,合保平江。賊黨入臨湘,知縣林不息死之。

《明史·張鵬翼傳》:賊趨臨湘,知縣莆田林不息抗駡不屈,斷其兩手,殺之。

《明史·流賊傳》:岳州陷,獻忠欲渡洞庭湖,卜於神,不吉,投珓而詢,將渡,風大作。獻忠怒,連巨舟千艘,載婦女焚之,水光夜如晝。騎而逼長沙。

《岳州府志》:獻忠陷岳州,欲渡湖而西,卜於洞庭神,三卜不許。乃斂舟將,北風起,覆舟百餘,溺死數千人。遂由陸路南趨長沙。

《劉熙祚傳》:巡撫王聚奎撤羅塘河兵,還守長沙,賊遂長驅至。

《湘陰縣志》:賊過湘陰,知縣大埔楊開度不能禦,先去。至白鶴山,召鄉勇爲恢復計。縣人黄鳳德、鍾調元、邵受璉、程可行、鍾楚貴,各募義勇有部曲以佐開。及賊陷長沙,分兵循近縣,至湘陰,開與賊戰,衆潰,被執。脅以僞職,不從。賊投之於水,并其妻子、奴婢,凡十八人。支解鳳德,戮其妻子。調元等四人亦皆被害。縣廩生左天明潛於山間,賊搜得,强以僞職,不受,厲聲駡賊,賊殺之。

《劉熙祚傳》:賊將至長沙,聚奎率潰將孔全彬、黄朝宣、張先璧等走湘潭,長沙不能守。惠王避地至長沙,與吉王謀出奔,熙祚奉以奔衡州。

《本紀》:八月丙戌,張獻忠陷長沙。《長沙府志》:獻賊以八月二十五日入長沙,兵道馮雲起先期去。

《一統志》：吴士義，常州人。崇禎中長沙縣丞。獻賊陷城，被執，不屈死。

《長沙府志》：李完珍，山東人。長沙府經歷。崇禎末，攝益陽縣事。獻賊寇長沙，完珍以事赴府，至龍關橋，遇賊被害。堵文忠《登憶江樓》詩："李幕吴丞今已矣，一名完貞一義士。貞從父命義從君，生死成名今兩人。"按：文忠詩，"完珍"作"宗貞"，"士義"作"義士"，不知孰是。

附録　崇禎十六年八月丙戌以後事

《行狀》：今春從祖父道宜至長沙，舊役張啓元引道宜拜墳上，百姓聞之，聚而哭者不下萬人。其得詳當日事，乃啓元及百姓爲從祖父述如此，而私爲傳記者復甚多。百姓又引從祖父觀戰處及賊所爲穿城地道，巨穴至今存也。按：《行狀》作於十七年。此十七年春事也。

《小傳》：次年春，恢復長沙。萬民哀號，具呈當軸，特疏入告。贈太僕卿，謚忠烈，崇祀名宦，建祠置田。

《申文》未五月十三日奉旨，蔡道憲贈太僕寺少卿，廕一子，入監讀書。按：是時，莊烈帝已崩，福王立於南京，則此乃南京旨也。本傳：謚忠烈。

《墓誌銘》：公元配謝氏，嗣子知遠，女子子一。按：集中有《送謝飛雯内兄》詩。飛雯，即謝夫人昆弟也。

《墓誌銘》：以甲申五月二十日，虛葬公於長沙府城南醴陵坡。

《行狀》：從祖父欲開墳取骸骨歸，百姓依依不能舍。舊守堵公、通判周公重違百姓意，乃具衣冠藏於故處，改醴陵爲理靈，爲銘誌之。建祠立坊，置祀田，欲以慰公忠魂垂不朽者。而湘、醴各州縣皆各請建祠立坊，如長沙。

《行狀》：七月二十一日，從祖父始負公骨及長沙守、今升武漢道堵公名允錫與郡庠郭金臺所爲公《傳》及《墓誌銘》歸，并得小傳、稗乘若干篇。又，舊役陳嘉祥、王正期自裹糧護公骨，偕從祖父來，共見大母及母，述公死時狀，猶哭不止。

本傳：邑中舉人馮一第，走湘鄉，將乞師他所。賊縶其母與兄，招之。一第歸，就縛。賊將斬之，一老僧伏地，哭請免，賊乃去其兩手，置營中。一夕死，母、兄獲免。

《劉熙祚傳》：惠王與吉王謀出奔，熙祚奉以奔衡州。衡州，桂王封地也。聚奎兵至，大焚劫。王及吉、惠二王皆登舟避亂。熙祚單騎赴永州，爲城守計。未幾，聚奎復走祁陽，衡州遂陷。永士民聞之，空城逃。二王至永州，聚奎繼至。越日，全彬等亦至，劫庫金去。熙祚乃遣部護二王走廣西，而己返永州拒守。賊騎追執之，獻忠踞桂王宫，叱令跪，不屈。賊羣毆之，自殿墄曳至端禮門，膚盡裂。使降將尹先民説之，終不變，見殺。事聞，贈太常少卿，謚忠毅。

《衡陽縣志》：劉熙祖，武進人。崇禎十六年巡按湖南。會獻賊陷武、岳，進兵長沙，熙祚在長沙率兵堵禦，衆潰，長沙遂陷。熙祚如衡，復如永，收散卒，圖尅復。賊猝至，被執。時賊踞桂王宫，賊黨擁熙祚入見，勒令跪，不從。賊怒，使其黨聚而毆之，從殿墄倒曳至端禮門外，膚盡裂。又縛之柱間，脅以凌遲，終不屈。賊暫釋之，欲其必降，使降將尹先民欵語，熙祚瞑目不答。未幾，賊走常德，迫令同行，至寧鄉道中，殺之。初被執，題二詩於永州署壁。

《瀟湘聽雨録》：巡按御史劉熙祚，南京人。崇禎癸未，流寇張獻忠躪湖南，熙祚以死自誓。九月二十七日，題詩衡州官署而死。寧鄉布衣余鳴玲、巡按劉公殉難。

《本末》：崇禎癸未八月，獻賊攻長沙，公護諸藩走衡、永。諸藩入粤，强公偕往，公辭曰："御史楚官，去永州一步，便非我死所。"九月，賊攻衡，公救衡，賊獲公，喜甚。誘之降，不屈，遂囚之。賊進攻永，分兵攻武岡不下，偵知左良玉追兵將至，賊遂回軍。十月初五，抵湘潭界。初六，駐軍湘潭。初七日，離湘潭界，至龍舍橋。初八，駐四都宗師廟。時公囚於軍中，人傳藪澤有義兵將謀奪劉巡按，賊怒，縶公於馬，鞭且曳之，遂卒。棄尸於道。時賊大屠寧民，有僧竊識公尸，候賊退，瘞於路旁。公子某自武進來迎公喪歸，寄公栗主於通安關外松竹菴中。按：本傳載忠毅死於衡州，本紀載死於永州，與諸家記載不合。及推其日月，又多抵牾。據《陶密菴集》，亦謂忠毅致命在寧鄉。今道林有宗師廟，即由忠烈致命得名。其稱宗師者，以當日稱按院爲宗師，猶今日之稱學憲也。又，松竹菴栗主今尚無恙，知當日聞見親確，以死寧鄉爲正。又，按忠毅與公累同經畫,其死後於公。二月,棖公閒關異縣,請師救援,卒見屠戮,亦後於公。不得書於編年表月之文中,附諸篇末。終二公之事,亦所以終忠烈之事也。

樹雲

植元

章德

德彰

宗裔應魁仝捐刊

鍾音

德佳

友蘭

克庸

蔡忠烈公遺集卷三

忠烈公墓誌铭

悲哉！予之誌蔡子也。蔡子與予生同時，名同籍，仕又同地，危苦同患，獨恨後期不及同死，以此愧蔡子。雖然，惟予能前知蔡子必死，亦惟蔡子能信予後死者之究竟能死，兩人不同死而同歸也，有同心矣。非予，孰誌蔡子？

按：蔡之先居於泉塔江，幾傳而爲濱富公諱穀，又傳而爲仰濱公諱佐，又傳而爲葵一公諱維忠，即公父。葵一公以功曹爲府幕，不以五斗縈懷，蕭然寄傲。生三子：伯不禄；次道甯，郡庠生；公居季，諱道憲，字元白，號江門。生而儻奇，性至孝，友宗間無間。歲癸酉，入泮，即領鄉書。憫叔昆季之孤，告於葵一公曰："古有九世居者，今兒不獲與仲母同堂，兒恥之。"即廣爨具，比椽與處。迄數十指，怡怡不知貧如一日。年二十三，魁南宫，授滇南李，迎養至中途，聞葵一公訃音，晨夕跳趨，哭不絶聲，杖而起，以大母在，故勉一粥。

歲辛巳，改李長沙。予亦來守是邦。公鋤暴雪冤，愛民課士，予師事公。時方多故，予復迂戆，動遘閔侮，公苦心綢繆，分痛同患。朞月間，興大獄，起大師，勑使雷轟，檄書雨集。予已創，而公亦病矣。壬午十月，公有事於會城，予以覲行過公小樓，秉燭夜話。公語予曰："子烏得去！子去，是無長沙也。"予亦曰："子速歸署，死而後已，吾子勉之。"孰知兩人即此永訣，而兩語即爲先讖也哉！是歲十二月，賊陷荆、承。癸未五月，賊陷武昌。七月，陷岳州。一時名藩、重臣、大帥、勤卒，莫能自固。有廣鎮尹先民者，夙稱能弁，公結以衛。時民已大奔，一時内外皆絳衣游悍，文武率屬相忤不和，賊朝渡，夕潰，尹降。公督戰不支，乃釋戎服，整衣冠，北面泣拜。俄爲賊所執，賊降階，語曰："我素知公，公勿自苦。"公怒罵，賊縛公，公益罵，釋而又縛者三。迺嗾降將尹欸語公，公瞪目直視，曰："爾爲衛律耶，朝廷何負爾？"而反奮縛，揕尹胸而搏之。公數賊罪，又揚天朝威德，大辱賊。賊乃剮公，公就剮，罵不絕，左右皆流涕，發喟曰："南朝僅見李侍郎也！"賊遂據長沙。十二月，進陷，衡、永，還復拔衆渡江。明年甲申正月，王師恢長沙。三月，予復任。肖像、建祠、治墓、發喪，率諸同人而哭之。

噫！公死矣，豈至今日始知公死耶！公生於萬曆乙卯年九月二十七日，盡節於崇禎十六年癸未八月二十六日，年僅二十有九。登丁丑進士，官長沙府推官。元配謝氏，嗣子知遠，女子一。以甲申五月二十日，虛葬公於長沙府城南醴陵坡。主喪者，親兄道甯。司喪者，郡守堵允錫及別駕周子二南也。銘曰：

忠孝維兩，生而懷來。得其懷者，生榮死哀。惟明蔡公，允懷不回。遭時憂危，厥天崩摧。顔舌張齒，浩然同歸。升爽在天，耿耿輝輝。載虔我櫬，載崒我碑。尚公陟降，聞公謦欬。

分巡武漢黄兵備道、布政司參政兼按察司僉事、前湖廣長沙府知府、南京户部山東司郎中、河南司主事無錫堵允錫撰。

案：《墓誌》出堵公手，當日見聞親確。但云尹降，並無先民迎賊事。

申　文

湖南長沙府糧捕通判周二南，爲抗節捐生，赴義甘死，懇賜表揚，以勵末流，以崇祀典事。

於崇禎十七年三月十五日，據長沙府鄉官、舉人、貢士、生員等呈前事到職。據此勘得，自逆賊猖狂，荆襄告變，奉憲臺面諭，推官蔡道憲與職及知縣吴應恂，謂李賊既已得志，張賊勢必跳梁，惟我星沙扼衡、永門户，作岳陽聲援，不有重兵，恐受禍不淺。且郡中劣衿梗姓，開釁導隙，無以制之，憂不在外侮也。適部堂莊老大人題疏開餉，移衡、永副總兵尹先民開鎮招兵，措餉辦船，立營。外借先民之聲靈，内實竭憲臺之籌運與推官之心血，弭姦消變，緝暴安民。會武昌告變，人心轟然。七月十五日，憲臺率諸生，申大義於李公祠。先是，司李夢李公諱芾者來拜。次早，謂職言："疇昔之夜，李公入夢，我其後身耶？母老而不能養,嗣艱而無以傳,其若之何? 然而,報得君恩,顧不得母養。”嘗唏嘘太息,至於流涕。八月初,職蒙撫臺王、按臺劉及奉憲臺委職,至攸縣交印。司李愈愴然,謂:“共理尚虞其艱,獨力將何以濟? 然攸亦吾民也,其好爲之。”職去,不十日而岳陽陷。司李奉憲臺分兵守門,提師布列環城,而誓必以死守。無何,岳州舊總戎孔無意辦敵,舉衆走降。司李猶手自揮刃,斬越城之賊數人。而尹亦不支,爲賊執去,而脅之降矣。城中吉殿下已先去,撫、按兩院各監一軍,獨憲臺力當三面,督戰水陸,舟中爲賊衝突,不得入。司李勢孤,度不可爲,乃從容入衙,具袍笏,拜闕,遥叩泣母,昂然危坐,遂被執。賊素憚司李之名,拱手敬之,餌之以僞爵,司李叱曰:“我明朝賜進士、長沙府蔡推官,願爲厲鬼,以碎汝首。豈能以官而致污吾名! 且汝西賊而走我湖南,自己首領且旦夕莫保,尚欲爵人、官人耶?”賊乃大怒,然終愛司李,又拱手謝云:“下卒何知,誤捉大賢。”親爲解縛,欲延上座。而司李怒駡之聲愈厲,足必欲一寸不移。賊氣奪,終欲得司李爲重,迫降將尹先民説之。司李見先民,怒益甚,眦裂髮指,謂:“我爲汝豎子所誤! 汝將何顔以見我二祖列宗?”賊知志不可回,以司李最愛百姓,謂:“汝不降我,殺爾百姓。”司李乃放聲大哭曰:“願速殺我,莫殺百姓。”哭止,而又繼之以駡。賊首乃掩面,命剜司李,刃數爲斷,刺至心,血濺上座,賊首昏仆,久而得甦。蓋八月二十六日午刻也。一時城市、郫落,遠近傳聞,無不如喪考妣,痛哭失聲。迨職至城,偏尋遺跡,血已化碧久矣。

司李歷官三載,止飲湘水一勺。昔日兩袖清風,今日一腔熱血。懇乞上臺,俯念推官蔡道憲,清如夷,任如尹,成仁取義,其身體力行者,濂、洛正宗也。威不屈,利不移,見危授命,其慷慨赴義者,張、許孤忠也。諒聖天子恤忠之典,自然格破尋常,然非得上臺録忠以聞,而推官應門無五尺,祚鮮兄弟,其誰赴闕叩階以請封、請卹也? 仍望俯從輿情,許祀忠烈,以申一時公好,少慰萬割忠魂。原係特旌事理,卑職不敢擅專,伏候上裁定奪。

撫院何、按院黄、偏院李,俱特疏請恤。

崇禎十七年五月十三日,奉旨:蔡道憲贈太僕寺少卿,廕一子入監讀書。

案:《申文》出周公手,周與公至交。文中敘至城陷,但云尹亦不支,爲賊執去,脅降,無他詞。則先民當日無輸欵迎賊之事,審矣。又案:文中云憲臺者,即分巡下湖南道僉事馮雲起也。撫臺王,即王聚奎。按臺劉,即劉熙祚。岳州舊總戎孔,即孔全彬。部堂莊老大人,即莊祖誨,以侍郎督糧長沙者。撫院何,即何騰蛟。按院黄,即黄澍。偏院李,即李乾德。其云五月十三日奉旨,則南都之旨也。

祭文

攸縣劉友光杜三

晉江江門蔡公,司理長沙,以崇禎十六年八月,城陷,罵賊遇害。攸紳士明年正月醵金卜地,祠公於城之正街。祠成,蠲今六月初四,祀木主於位。部下通家子劉友光,絜酒生芻,修洗馬之薄祭,爲文而哭曰:

今上十五年,劉子北征梗南。越明年六月,東馬抵燕,而武昌之陷報矣。江險天設,漢沔不恃,予已知潭無東門。然此衷猶不作覆巢想者,以興元有子羽在也。書奏不報,還軫南向,蒸、湘數郡,已無元城。人固知公必死,余猶冀其或生。多故以來,英雄坐困,棄家置寺,積薪屬門。一鄉黨自好者,能爲之死,與立孤難易昭然。公固非易人,余亦望强爲其難。舟抵琴亭,公靖難之信聞矣。嗟乎!公才可以難而亦爲其易者,天下事尚忍言哉!方賊壓岳陽,公盡出城中士女,以忠義勉語將士,與危城相終始。詎世無劉錡,徒使陳規誓死之言以文人自竟耳。於戲,身殞名成,公復何憾!决死不生,重道何及!獨念江河日下,中流之檝杳無其人,使僞襲紫袍,因兵土門,曳柴揚塵,逼棄饒,圍衡、永,吉、袁,何不可與樂安、博陵犄角自固哉?是世人皆以公死爲可哭,余則獨以國步需才哭公之輕生,更甚於哭公之不愛死。貴死賤生,兵家之説。然言士卒,不言將帥,矧將將者乎!公固知我者,聞予言之堪聽,憫世故之日非。夜臺無友,新亭有淚,嗚嗚之情,知所不免。公理潭三載,斷獄多陰德。閒喜爲詩,竹郵之便,聚而等尺,今隨兵燹爲異物矣!後死之人,不言神傷。

猶記壬午春,公奉命督漕,予以銀甌進酒,爲公祝轅。公寄郵函璧云:“此日應難醉，何煩寄酒盃。”吾觀陶士行少有酒失，及晉室凌遲，飲遂有限，殷、庾勸進，不爲稍增。公之深情露於此矣。余痛公日深，哀不成文。及今五月二十夜，夢公角巾儒服，手予七言古一詩，中删二句，内改一語，且云：“風順，四日可至武昌。”蓋以二十六期便抵家園矣。醒起披衣，潸然達旦。噫！獻賊遁遠，而公始有故園之思，豈不哀哉！至六月初一，公兄元昆馳義興堵公所撰《墓誌銘》來，始知以是日虚葬公於郡城之醴陵坡。公靈雖炯，何與予幽明相關一至於此，予何得不哭公之深也。予固以詩文遇公，壁壘稍清，當潔筆爲傳，焚之祠前，用投私嗜，魂無不之，公其望焉！

行　狀

蔡知遠

嗚呼！不孝知遠，忍狀吾父也哉！自去夏聞楚事亟，大母遣二僕走訊，以八月二十二日抵長沙。賊初薄城，二僕去城十里，弗得達，退走湘潭，數日而長沙陷。有出自陷城中者，爲湘潭人，言父死狀甚悉。湘潭無少長，聞之皆哭。未幾，而湘潭亦破。二僕伏草澤中，餓數日，瀕死，竟弗得達長沙而還。所傳述，皆身在陷城中目擊者。聞變之日，大母痛不欲生，母投繯者再。忽有妄傳父奉吉藩入粤，乃舉此以解大母及母意。時賊方破衡、永，江右震驚，道塗梗塞。不孝知遠幼沖，未繇身入賊窠，背骨歸葬，罪孽深重，拊躬摧痛而已。至今春，從父諱道宜裹糧徒步，出萬死一生，誓歸父骸。未至家，於六月十九日膺新命贈廕。七月二十一日，從父始負遺骨及長沙守、今陞武漢道堵公名允錫與郡庠郭金臺所爲父《傳》及《誌》、《銘》歸。又博詢諸紳衿父老及舊厮役，有存者，相與泣述始末，且并得其所紀《小傳》、稗乘若干篇，皆私欲爲父誌不朽者。而不孝知遠始得備實録以狀吾父也。

公諱道憲，字元白，號江門。先世居晉之塔江。葵一公生子，長不禄，次即知遠本生父、庠生諱鍾殿，次即公。葵一公少以豪聞，晚歲家益落，頻患海氛，乃僦居郡城。時諸葛滬水先生與葵一公交最厚，推宅解衣，先生有焉。見公，乃大奇之。讀公文，則舉手爲葵一公賀曰：“有子如此，乃憂貧耶？”其愛禮父，未嘗以通家年少遇之也。崇禎庚午，先生督儲臨津，與葵一公偕行。公同伯父讀書於先生之卧龍館小樓，清夜，桐月榕風，咿唔之聲達於衢里。性介，不妄交與。嘗苦吟得古人佳句，則詠諷終日。屬文未嘗起草，劄牘累千言，援筆立成，不易一字。即在倥偬，而神思淵恬，筆畫遒妙，得其片函，皆珍爲拱璧矣。每出，山砠水涯，必窮幽陟奥，人跡罕到之處，異果甘泉，往往遇之。若在稠人廣座，率曠懷獨往，吟矚不顧。興之所至，選埸試馬，操舟渡妓。月白更闌，自譜新聲，指齒不形，微茫徐引，鳳鳴鶴唳，嫋嫋餘音。亦自云獨造，匪可摹畫者。及其談古今興亡與其所以成敗，則反覆淋漓，感嘆悲歌。時政得失，得之傳聞，中宵起坐，如身任其際者。嘗夢與文文山對榻，手抄《文山集》。大父有執友素器重公者，見輒艴然曰："何不取李長源韓、范司馬諸全傳讀之？此非盛世文，君何愛焉？"公斂容起謝，而好之不少衰，亦其天性爾。癸酉，舉於鄉，出句章徐師名之垣房，時年十九。葵一公與滬水先生在京，報至，先生引滿，爲葵一公慶，復自喜其有知人之明也。丙子，上公車，過兗，而先生已歿。公迎喪，悲痛長號曰："人之云亡，邦國殄瘁。"坐卧喪車下，數日乃去。

丁丑，成進士，列第九，爲掌科馮名可賓師首卷。馮初欲元之，及見公青年偉器，殊以在闈中時争之不力爲恨。廷試三甲，授雲南大理司理。歸省，始就道，而葵一公訃至。馳還治喪，哀毁骨立，卒哭，步行拜謝，時稱孝焉。讀《禮》三年，無隻字入郡邑。邑父母有同籍者，亦罕見其面。服闋，補長沙司理，迎大母就養。楚俗輕悍剽掠成風，有甘明揚、許廷寰者，行劫江湖間，累貲巨萬，有司莫敢問。公懸重格購之，且以家貲充賞，無何，衆擒明揚來，公賞如約。而廷寰亦自縛以見，盗乃稍輯。豪棍魯之俞素使酒爲兇暴，而膽量異常流。公密召之，之俞乞自効。數日，羣盗劫富人，方分財寶，之俞使其徒掩捕以獻。召富人給原物，賊與富人相顧駭愕，不知發姦何自。又有羣盗閉户謀劫，謀成，啓户，之俞已坐其門矣，盗相率遁去。之俞乞一役，更爲善士。有王二者，亦酒徒也，爲其母所訟。公初欲寘之法，及見其俛首受刑，無怖無怨，公曰："若能自新，吾勸而母。"王二叩頭流血，母亦感悔，相抱哭謝去。王二亦乞役，凡郡有盗劫，雖數百里,可立致。先是多盗,故吏以緝盗爲功,民之賊怨者率以盗相羅織。公視篆,出其無辜而陷死刑者八十人,株連得全活者百三十餘人,郡始有"青天"之號矣。

初苦土寇,置客兵三百。事平,當事不議撤,又不爲區畫糧芻,乃大爲民患。有哨長周華宇,多力善搏,能手斃數人,而性殘虐,雞豚麻絮遇之輒盡,衆遂爲所使。曾斃一人於路,公遣數卒,裹其面而致之。明日,其衆乃知,遂譁,擁入郡衙,聲震屋瓦。倉卒間,羣吏奔逸,有引公且避去者。公步堂前,呼其長,責以大義。公初至郡,始嘖嘖有賢聲,是輩故欲撓劫之。及見,不覺自驚屈。公出哨長,笞擊數百,垂斃而後遣之。自是村落、市肆無敢動者。

吉藩,賢王也,而宗戚多虐。戾民之狡黠者,率充校尉以自遈。田産佳者,指爲藩庄,遂不可問。富人住屋,夜未之明,便當移去,或拘索數百金乃解。故事,藩府校尉,須請令旨始敢治。公立寘之法,而後以聞。王意初不善,公曰:"百姓者,高皇、今上之百姓,亦殿下之百姓也。今四方多難,郊郭變生,殿下不思保有其民,萬一不測,朝廷罪責必深。殿下獨與此宗戚、校尉共富貴乎?"王嘉納公言。爾後宗民不法者,公第粘票門下,使自就治,宗戚慴服,虐浸已。

會武岡、祁陽民變,殺岷藩宗戚殆盡。長沙豪庠簡大可、羅士俊,遂欲鈎連逆黨,更相效尤。謀成未發,公召二生,與飲於署中,酒酣乃曰:"武岡、祁陽之變,皆向來州、邑令之罪也。藩封爲虐,當輯之於始。逆謀叛黨,何處無之?縛而扼殺,一健卒之力耳。"二生惶怖輸服,跪乞就死。公笑曰:"君輩井蛙籠鳥,亦何能爲?吾戲君耳。"二生出,而變消。而茶陵、益陽、攸縣奸民相繼聚黨萬餘,申訴其長吏,院司莫何,惟聞蔡青天來,即屏息以聽處分,至焚香跪迎數十里。湘陰以餉部馮催徵不如法,民積薪衙署,斷其飲食,欲焚殺之。報至,部堂莊祖誨者,時駐長沙,徬徨無計。衆云:"惟蔡青天去,可治。"曰:"青天爲誰?"左右以公對。部堂躬詣公,懇令速行。公單騎馳百餘里,便服入城隍廟,呼廟祝作粥,食畢,乃召縣令,使請餉部來。民聞青天至,空邑郊迎十里外,以故餉部得從吏舍旁牆穴中出見公。民知公已入城,大驚還。見猶未釋甲,公曰:"湘陰户未滿萬，且不從亂者亦半。郡兵三萬餘，爾輩豈不知耶？且此不過餉部胥吏爲奸弊，餉部不早察耳。餉部奉朝命而來，與州邑令失民心激變者異。若不早輯，異日屠城之慘，吾將奈爾何？”民乃定。公乃取餉部胥吏，盡法懲之，而湘陰以寧。

常德弁周晉，假闖賊焚劫時，報常德陷。公謂：“此必叛將或奸民藉賊名耳。急捕，可立得。”及晉就擒，當事獲其重賂，縱之。又擁其所掠名家女數人，匿廢弁韓鴻家。公白劉直指，并擒韓鴻殺之。劉直指邀公入常德安民，議增兵，而苦無餉，公乃舉某件可那用者。劉云：“每公談各府兵實，如指掌列眉，謂或因察盤，能强記耳。常德未經巡歷，何由知此？”公曰：“此無他，吏事暇，凡書誌、文移，無一字放過，以此知之。”劉大嘆服。

有以明經爲祁陽令者，偶謁見違禮，遂疑爲假官。監司嚴法，誣服之，仍推究其黨。奸胥因其困憊，稍全恤之，陰囑妄扳富家，至百餘人。檄下，公頗怪其事，取司票匿袖中，密召差役，授數字，凡同姓名者，刻喚集階下，乃多農之樸富及商賈多財者，公立釋去其人，僅以其生涯申報而已。讞者怒，不解。他州邑皆遵奉累縶而至，更相扳連，得不死者亦傾貲百萬。數日，令之家屬至，知爲真令，而令已斃杖下矣。院司竟曲全讞者，以數百金畀令屬而已。而長沙無一人牽累，公力也。

賊蹂躪中州，且至楚，長沙日四五驚。民間夜傳賊至矣，城外民急入城避賊，填塞街道，奸民因此搶掠。公徐取琴書，裹布衾，去城十里卧。民云：“蔡爺在外，吾屬何憂？”乃相率還。數日詗至，果無賊。及賊漸入楚，至荆，公勸民守城。富人慳譎，所守與貧埒，貧人曰：“奈何爲富守？”公曰：“獨貧者守耳，富人勿守，甚善。”乃悉以貧户編城上，弱者爲垛夫，强者爲垛長，每十垛置一大斛，容十二斗。下令：有警登陴，垛夫日給粟一斗，垛長給粟二斗。於是，閭巷歡騰，争願守城。公乃於各城門擇便地爲倉貯穀，以飼垛夫。召諸富人曰：“若不守城，爲我守穀，何害？”羣吏皆竊笑，謂安所得穀而守之？不知楚人多懼有富名，公密議，使陰出穀。富人喜，各自謂上、中、下户，輸粟入倉，而一應守禦之。

計凡召兵、措餉、辦船、立營、消變、緝暴、制藥弩、備火具、守要害，靡不漸次整飭。時朝議以外解不前，設餉科，以給事中出督省餉，而發運輸京，則選理官之敏練者，當事遂以公名入告。公乃泣别大母，遣母奉大母歸。既而公不果行，而大母已發。每入署，見大母坐次，輒涕弗可止。題詩署壁，淚墨淋漓。或勸更迎養者，公曰："吾處在堂也，喪亂宏多，楚實先受之。吾未知死所，忍使慈母目見子狀乎？"壬午秋，分闈得士，皆時名。

九月，郡守堵公以覲行。自公涖長，朞月之閒，興大獄，起大師，定大難，勅使雷轟，檄書雨集，悉相咨决。然守在，尚或分任。及堵公行，公雖不視篆，而郡事頻仍交併，曉夜疲勞，棱棱然癯骨矣。是冬，李賊襲荆、承，獻賊南犯澧、石、慈、安諸縣，瀟湘、洞庭遂紛焉騷動。於時，荆鎮某者，率大衆擁惠藩走長沙，曰："長沙有蔡推官在，長城也。"長沙已苦藩，及惠藩至，民愈摇撼，第愛戀公，無潰志。公苦心綢繆，不再月勞來還集，上下始帖。癸未五月，賊南下，攻陷武昌，戮溺殆盡，而北撫軍率所部奔長沙。公見，請還屯岳州，謂："岳、長脣齒也，併力守岳則長可保，而衡、永無虞。"撫軍曰："岳，非吾守。萬一有失，不徒令長安諸公笑我乎？"公曰："棄北守南，尚不失爲楚地。若南北俱喪，亦未見謝過有辭也。"撫軍語塞，乃勉赴岳陽。及賊聲息稍近，入蒲圻、嘉魚，撫軍遂亦不抵長沙，直揚帆南去。其書有云："至今尚復有清議哉？陵寢且勿問矣。"公執書長嘆而已。南撫軍膺命六月餘，駐袁州逗留觀望，不敢進。公復請屯岳，如所以請北撫軍者。南撫軍駐岳數日，仍檄徙長沙。公曰："既無恢復湖北之志，岳州無恙，不於此時繕兵固守，乃棄之南下，賊攻岳，尚慮長沙爲之援。若岳不守，長沙豈獨全哉？"書再三上，不報。而岳帥孔全斌驅萬騎踏蹂，擁撫軍偕來。所過二十里内外，牲犢薪豢如洗。遂破湘陰，焚殺淫掠，尤甚於賊。百姓聞撫軍且至，老稚啼號，皆遮道言撫軍殘虐。且云，賊破荆、黄，民率先期遁去，長沙無一人離異者，以使君故。今撫軍至，我輩無遺類矣。於是，富家巨室皆稍引去，有棲泊湖蕩以自全者。

先是，廣鎮尹先民善戰，夙有能稱，公邀結之，與誓師江上。尹亦感奮爲公用，尹兵集而孔卒稍憚。數日，撫軍擁艨艟十餘，自所坐樓船吹導，中軍官牌鎖傳吏役、民夫牽纜，索僱役惜馬例金虐甚。抵長沙界，道、府官候河下，自卯及未，撫軍被酒，臥未起。時羣情洶潰，公私凋耗，井舍無烟。遠近驚傳，皆云賊旦暮至境，而撫軍胥役猶以供應不備爲患，往來岸上追索。至晚鼓三通發銃，依轅門，高呼唱進。中軍官唱："推官蔡某進。"公曰："故事，唱進，銜耳。"聲頗厲，撫軍意故不懌。公見，復以棄岳州非策爲言。其胥役尚欲遲明日進城，以一夕供應相苦。公曰："推官職居守，當馳入城，老大人善自備。恐有飢民與舵工争一飱之飽，推官所不任咎。"撫軍色一變，反顧曰："如此如此，宜趣行。"是夜入城。明日出示，著尹總兵同標下中軍官曉夜巡本院更道，尹合營俱噪。公使人收所出示，其承差直入衙署，索示張掛。公笑曰："亦未有以總兵官巡撫院更道者，且所懼城中之賊耶？直洞開轅門卧可耳。"遂以其人令軍中，曰："撫院欲總兵官别撥一官巡更道耳。"軍乃輯。又明日，撫軍謁聖廟，召諸生習講，如出巡儀，無一至者。時按院劉、岳道許、長寶道馮、通判周、武昌司理傅、縣令吴、總兵尹先民、孔全斌、郭天才、楊國棟等，俱會明倫堂，撫軍曰："守長沙，計將何若？"皆云："蔡推官已有經畫。"公因條列所以守長沙者，凡數千言。其大略頗以吉藩居守，而文武官各出城，或十里、二十里，分要地拒賊。劉按院然公議，岳道、長寶道亦然公議。撫軍曰："何蔡推官出一語，而諸公莫敢矯其非？頃所言戰也，非守也。吾謂守尚未可必，又誰能戰？"公曰："不戰惡能守？今約兵三萬，而糧僅足一月，勢當取給外縣。我在外，則外縣安；守内，則各縣不攻自破矣。縣破，又安所得糧？此不可，一也。兵法云十則圍之，聞賊衆十餘萬，造雲梯、竹船諸攻具甚備。我居外，可以少擊衆，彼攻具皆無所施。在内，則坐而受困耳。其不可，二也。且自獻賊猖狂，推官坐不安席，凡數月矣。所以增兵設餉，爲戰守地。今聚三萬兵於城中，何處安頓？則患乃在兵多，變在内不在外矣。其不可，三也。又，賊自破荆、承、武昌，皆不戰不守，彼驕無鬬心，且頗聞某名，若知布置有方，或不至亦未可知，即至，而我已有以待之。萬不獲已，惟某與先民在外，請列陣設伏，然後煩諸大人爲視師之行。如以爲未當，撤回未晚。"公反覆曉諭，繼以涕泣，且曰："城之存亡，係在今日。老大人决無再計。"撫軍不答。總兵尹先民曰："蔡推官所言，皆碩畫也。先民願決一死戰，若同困孤城，異日悔之何及？"撫軍作色曰："總兵欲反耶？"先民曰："先民不反。誤人家國事者，乃真反耳。"遂各散去。是日，士民環集觀聽者數萬人，莫不憤惋泣下。及晚，相率揭家遁去。向來守禦之計，一旦俱盡矣。

賊初諜知撫軍至長沙，喜曰："有代我取長沙者。"及知公計不行，益喜，遂捲甲夜趨岳州。至岳，四門洞開，賊荷戈笑語而入。蓋撫軍胥役，皆賊詗也，凡事即馳以報。賊始不敢正視長沙，至是，遂放心南下。信至，撫軍益懼，即召諸將吏入城，云："凡言戰者，請先以反國奏誅之。"先民入見公曰："撫軍動以'反'字加人，此豈可耐！且先民來保長沙，以先生故，亦欲圖尺寸之功，爲國家效死。今城外營寨百餘，江防區處嚴備，要害堵截，兵精糧足，士奮百倍。先生心血已竭，先民夢魂亦願得一當以上報君父，下答知己。乃一旦棄之，欲坐困孤城，異日者，圈豕籠雞，手捉繩牽就戮。先生其謂之何？"公曰："天不祚長沙，使斯人來此。公第還衡州，招集豪傑，長沙存足以犄角，不存速圖恢復。"先民曰："城亡在旦夕，先去於義不忍，俱死於國無濟。"乃流涕而去。

夜，公視城還，有一人著青布袍，從三四人來見。審視之，乃吉藩也。公驚跪曰："殿下胡爲辱此？"王曰："撫臣誤我！"因哭不能言。公曰："長沙尚可守，第撫軍意非某所敢知。殿下若能委曲曉諭撫軍，與某同心協力，猶可圖也。"王曰："吾使人矙其所爲，已束裝爲去計，第欲置吾與先生於死。吾易服來，乞先生一號令去耳。若復相留，徒死於此。"公仰天嘆曰："大事去矣，吾亦何言！"即上馬，護其宗屬庀舟，而送之登舟。王戀戀不能舍，欲懇公偕行而不敢發口。明日，遣十校尉、二丞奉宣令旨，欲與公一言。具書云："寇盜臨門，權宜去國。傍撓中牽，困我大賢。遇人不淑，天實爲之。感念相存，倍思共載。"又云："匪兕虎而率曠野，皆烏狐而亟只，且延頸江干，艤舟以待。"公回書再拜，不奉教。校尉宣令敦切，跪移時，公終不答，乃去。

其明日，撫軍先發本部兵於城外，爲水陸二道，拘集民船，豎帥旗於水次，然後嚴裝擐甲，下令曰：“蔡推官向所議甚是，吾固欲用之。吾當親統軍於外，推官居内。攻戰之事，吾身任之。城之完否，責有專歸。”公曰：“方賊未破岳陽，推官舌敝脣焦，懇撫軍分遣諸將營伍整飭江防，堵截要害，以逸待勞。及撤兵入城，曰‘有言戰者，以反國奏誅之’。今去賊二百里，旦暮且至，城中兵三萬、將數員，不聞别有調發，而獨率本部千人，欲身任攻戰之事，雖三尺孩童，亦知其爲走計矣。且地方者，撫軍之地方也。《會典》推官無死城之責。今既委之而去，又卸罪於人，曰‘城之完否，責有專歸’。推官固必守，守而不完，固决死。何撫軍去之疾而言之易也。則請與撫軍立軍令狀，若能全師在外，寇未臨城，變生城中者，推官之罪也。若委兵潛遁，寇來不禦，不知爲誰之責乎？”撫軍曰：“唯唯。”於是，爲親立軍令狀，諸道將同僉押，交授訖，遂撥一道二副將及推官傅上瑞等，從撫軍出城。撫軍疾登車去，公使覘之，云撫軍即夜乘小舟馳百餘里，天明已入湘潭矣。撫軍去，而一時在事諸人，重臣、大帥，皆相繼遁，無一存者。居民自撫軍至，已稍引避。又撤兵入城，復驅兵出城，數日之間，喧鬧搶掠，雞犬亦盡，城中哭聲震天地。其不去者，非感恩願同生死，則羸弱無復之者。向所召集各鎮兵，見勢不可爲，亦散去，獨先民所部六千兵不動，公乃盡以其衆置城上，躬爲粥啜之。衆皆泣。

先是，公有友三人，閒關歷險，達圍城中，欲與公俱存亡者。至是，公急遣之曰：“父母在，不許友以死。諸公縱重義，獨未學禮乎？”遂命酌酒爲别。三人者，泣涕交横下，曰：“何所持報君家？”公正色曰：“此豈某顧家之時。”曰：“亦當得數言。”公曰：“城亡身死，無可言者。”曰：“君未有子。”公曰：“兄子，吾子也。教以禮義，無玷家聲，足矣。”曰：“何以報君老母？”公忽慟絶仆地，有頃乃甦。南面四拜，痛哭曰：“母生兒不孝，不能復侍膝下矣。”援筆草數字，云：“使吾不得决策爲江上一戰，而坐困孤城者，天也。事若可爲，宗社之靈，老母之福。”書畢，授三友。因朗吟文文山詩句，云“我死誰當收我骸”，吟數徧，賓從、胥吏皆啼泣，莫能仰視。於是，遣二騎送出城，而賊遊騎已薄城下矣。是日，八月二十二日。

公坐敵樓中,賊前哨至,先奔水次所豎帥旗,見寂無一人,大笑,裂旗以辱城上戰士。無何,獻忠大隊繼至,衆數十萬,連營二十餘里,望如蟻屯。獻忠立城下,呼曰:“蔡推官!”公出敵樓,凭欄仰天而笑。獻忠懸視,還顧其衆曰:“好推官!”乃曰:“吾軍中無大小,皆知汝名,勸吾勿犯汝。宜速降,無自苦也。”公顧先民曰:“速放箭。”先民發箭,中獻忠馬。再發,復中其左翼。獻忠急入營换馬,於是,各相攻擊。賊死數百人,夜退營數十里。公謂先民曰:“賊遠來,未必有備,公可一行。”先民許諾,乃選精兵二千人從間道去,破殺千餘級。第賊衆終未可敗,天明引還。日中,獻忠怒,併力攻城。晚復至城下,曰:“傳語蔡推官,吾聞他忠義,惜他年少,愛而弗攻也。彼知王撫軍胥吏、兵將皆吾人否?城中虚實、計策,吾盡知之。吾衆投鞭斷流,又何有於此城?”公亦遣人傳語云:“若盡攻擊之術,吾盡守禦之方。城亡身死,勿復多言。”獻忠怒而去,乃盡出其攻具曉夜攻擊。公隨發而隨制之。公數日不入署,署中三僕攜羹湯登陴,見公左手持小旗指揮擊賊,右手操杓勺餉士。聲啞,骨瘦如柴,幾不可辨識。三僕環跪而泣,公但語僕云:“城破,若急走,無戀我爲。”

二十四日,公見賊曉夜輪番攻擊,城上戰士死傷過半,其餘亦力竭不任,乃與先民以千人出北門,搗賊壘,公大呼曰:“男兒死當在戰場耳!”衆皆感泣,爲殊死戰,無不一以當百。殺賊至數千人,賊稍卻,乃引還。至城門,能從者四百騎耳。賊乃盡以其衆合圍而攻之。夜半,公鳴鼓不聲,衆皆怖,慟哭。天明,賊爲穴道穿城,城中亂。先民曰:“巷戰尚可活。”猶上馬持刀呼殺。公曰:“無庸矣。”乃釋戎服,取衣冠,北面再拜曰:“某君親兩負,願死見高皇也。”遂被執。獻忠聞公至,下堂以待,親解其縛,曰:“下卒無知,誤犯高賢。”公怒罵曰:“獻忠,吾恨不磔汝尸萬段!今日之事,惟速死耳。”獻忠歎曰:“蔡推官後生,勿使氣。富貴可共,何自苦乃爾?”公罵愈力,獻忠顧其黨且引去。遂監公黄道門,使其衆百計説降,公終不可。有頃,賊具食。又頃,具供帳,皆不答。明日,衆擁先民來,公視先民衣冠如舊,疑已降,曰:“汝來何爲?”先民跪,低頭。公曰:“汝忘江上誓師時耶?”先民曰:“豈敢忘之。”曰:“不忘,胡作耳?”先民曰:“使先民不能戰,不能守,而死固也。”公曰:“今日尚云能戰能守乎?”先民尚有所欲言,公怒踢其牙流血,衆乃掖先民起。先民哭曰:“吾豈負蔡公者!吾終必死,死當訴上帝,斷誤國者之頭也。”於是,衆復以公見獻忠。公見,極力駡詈,且揚天朝威德,目眦盡裂,頭髮上指。獻忠曰:“吾入武昌,盡屠之。以汝惠愛,不戮一人。汝不從,吾今盡殺城中百姓。”公哭曰:“寧寸割我,毋害我百姓。”賊知終不可降,乃命剮之。公初怒駡,至剮割,則揚眉清婉,顧盼笑語,有若生平。當時賊環視萬餘人,無不咬牙股栗,淚淋淋下者。獻忠復下堂與語,謂:“公尚可活,何良苦爲?”公噀血叱之曰:“獻忠!吾爲厲鬼,殺汝也。”獻忠怒,拔所佩劍擲公,中公胸,血逆濺其面。獻忠忽昏仆,良久乃甦,遂磔斷公尸,刀數折。而公殁時,二十六日午時也。

初有衙卒淩國俊、李師孔、陳賢等九人,艱難中侍公不去。國俊,名家子。父兄讀書,皆郡庠。國俊以事入役,嘗言:“上天下地,除非頭斷,必不負蔡爺。”賊初執公,諷使勸公降。俊曰:“如吾主可降,亦去矣,不有今日。”賊曰:“不降,爾亦不得生。”俊曰:“若我輩願生,亦去矣,不有今日。”賊遂併殺九人,自一至五,皆延頸受刀,無少卻者。尚四卒,忽奮然曰:“願且延旦夕,葬主而後受刃。”賊許之。於是,四人解衣裹公體,血肉狼籍,凡點血在地,皆拭之。相與埋於南城外,地名醴陵坡。葬畢,四卒自經死。尹先民號哭,不食數日,賊疑有異志,亦就戮死。長沙城内外及湘、寧、瀏、醴諸縣村落、市鎮,無少長皆悲痛失聲,朝夕哭奠,如喪考妣。聞已葬,頂香而哭墳上者數萬人。

今春,從父至,舊役張啓元引從父拜墳上。百姓聞之,復聚而哭者,又不下萬人。其得詳當日事,乃啓元及百姓爲從父述如此,而私爲傳記者復甚多。百姓又引從父觀戰處,及賊所爲穿城地道巨穴,至今存也。從父欲開墳取骸骨歸,百姓依依不能舍,舊守堵公、通判周公重違百姓意,乃具衣冠藏於故處,改醴陵爲理靈,爲銘誌之。建祠立坊,置祀田,欲以慰公忠魂垂不朽者。而湘、醴各州、縣,皆各請建祠立坊,如長沙事。舊役又有陳嘉祥、王正期者,自裹糧護公骨偕從父來,共見大母及母,述公死時狀,猶哭不可止。嗚呼!不孝知遠始得備詳實録,以狀吾父也。

大母又時時爲知遠言,父至孝,出天性。八九歲時,伯父從大父讀書郡城,公與大母居海上方,食或不給。大父以公嬰年遭此爲慼,公故怡然不爲愠色,重大母憂。大父愛弟獼,公領鄉薦時,憫叔昆季之孤,告大父曰:"古有九世居者,兒若不獲與仲母同堂,兒恥之。食指、婚冠,何有、何無,皆兒責也。"即廣爨具,比椽共處。每戒母事仲母如母,事從嫂若嫂,奉御必取啬者。又善體恤人情,食指近百人,能使各自厭足,畢如其意中所欲,其於家庭如此。大父有執友,公父事之,雖聾伎伶倫,凡大父所愛者,見必敬禮,長者兄之,少者弟之,畢出至誠。故人人皆自以爲孟嘗君親己。又不喜遊權貴,貴不易交,公有之矣。其交友又如此少。讀《楚詞》,嘗咏諷之,燕坐凝默,爲曼聲微引,聞之凄惻欲涕。識者謂有楚音悲激,屈、賈前身,亦一異也。性强記,讀書過目,終身不再目。講論敏達,不甚拘文義,獨出新義。其在星沙,案判不事書牘,面質數語,便爲鐵案。招成必使兩造對讀,俱允服,乃遣去。每云案牘文致,正當得情之外,别爲解脱,而大奸巨蠹,雖百計漏網,見公自輸服。嘗出謁上官,往返月餘,書檄堆積。大母在衙署時,每以公體羸勞頓爲患。及公歸,部決片時立盡。便入署述道里所經,雜諸諧笑,以悦娱膝前。向之積牘若無有然。陳嘉祥又云:星沙將陷,時署中地出血,公叱之,血立隱,無可見。一日,對周判云:夜夢宋守李芾來拜,相與談城守事,殊激烈。繼以痛哭,"吾無死所矣"。李芾,宋長沙守。元兵陷城,芾召帳下沈忠,焚居殺妻子,而後自殺。長沙人祠之。公憫其祠頹圮,爲修葺,題詩祠壁,有"許多上座薪誰徙?正在中流楫自呼"之句,詩意指切當時。今公祠去李祠不數武,豈其先讖耶?

知遠所狀公,亦誌其大者。至其懿行嘉言,在朋友者,各私爲之傳載,善政在星沙者,星沙人各爲碑、記、謡、頌,遺文、詩集,尚容彙梓。知遠幼冲,識微學淺,蒙先生、長者、大人賜啱。謹狀公於左,併從父所攜歸《傳》、《誌》及楚監司、守令爲公申乞贈廕、建祠、從祀詳文、看語,不莊不次,泣血具列。

按:鄧湘皋先生曰:道光辛卯秋,余方謀輯《蔡忠烈公遺集》,適得忠烈《行狀》鈔本，讀之，本末詳盡，多世所不傳，惜卷首殘失，自“受刑無怨無佈”以前，一千一百四十四字皆缺。姑就其殘帙刻行，冀海内士大夫有收藏完本者，亟爲郵示補登。頃，晉江曾雲崧太史寄到閩本《悔後集》二册，《行狀》具在，後幅亦多燬蝕，獨前幅完整，不失一字，遂成全璧。因亟爲之補刻，而識其緣起如此。

噫！公《行狀》一篇，非鄧公如此悉心搜輯，不幾無以備傳於三楚乎！魁癸卯欲彙刻公集，亦因是篇殘闕失次，末由檢校。後得鄧公輯本，始得補正付梓。不然，亦幾無以昭佈於我閩矣。是篇得成完璧，以垂於後，鄧公之有功於我公者實多。

丙午冬至後三日，宗裔應魁謹識。

附録　忠烈公葬處

忠烈公之墳，在泉州南門外、晉江縣五都麒麟山之麓也。穴坐坤向艮，兼申寅，分金辛未、辛丑，其詳載於《泉州府志》中。

按《行狀》，知遠公之從父諱道宜，于長沙與公舊役陳嘉祥、王正期裹糧負公骸歸里，疑即葬於此。道光二十五年，諸宗裔捐貲重修。聞該處鄉人云，公之英靈，至今一毫難犯。凡附近之民，或有到山挑掘石塊者，即時狂風突起、吹撲顛倒，苟或執迷不悟，再行强掘，不被壓折手足，便得惡疾莫痊，歷歷可驗。迄今父戒其子、兄勉其弟，不惟不敢登山盜掘山石，且亦不敢放縱牛羊踐踏墳地。魁等同往遍觀，果然墳界之内青草叢生，秀石錯落。益信公之忠魂，迄今數百年後，猶凛然一毫難犯也如此。而山靈之呵護公墳，亦歷久不衰也如此。

宗裔應魁盥手敬記。

墓　表

自古忠臣、烈士，殉難捐軀，歷數百千年，觀諸史册，得之傳聞，猶感慨思慕，嘘嚱而不能止。况事既昭著，年非久遠，乃藏魄之地荒堙漫没，健兒、牧豎得以樵蘇、躑躅於其上，司斯土者，能無惻然心恫乎！

明季，長沙司理忠烈蔡公，諱道憲，號江門，閩之晉江人。起家進士，補官於兹。適郡守入覲，公攝行太守事。而獻賊破武昌，陷岳州，蜂擁南下，聲勢震駴，人無固志。公逆度不支，令百姓竄山谷，以孤城獨守。時總兵尹先民翻城應賊。賊入城，百計脅降公，公終不屈。因斷公手足，剜眼劓鼻，極慘毒以死。義役淩國俊脱衣裹公骸骨，瘞城南醴陵坡，亦自經以殉。已而賊去，太守還，始具衣冠，禮葬公於舊所。

洪惟我朝掃除羣孽，混一區宇，天戈所指，虎狼之類，悉就殄滅。又令所在官司，凡祠墓之合乎祀典者，歲時致祭，一如舊制。於是，公之祠宇聿新，貞珉重勒。經略洪公承疇、司空趙公開心、銓部黄公釒公爲之志傳，而國俊亦得從祀焉。

嗟乎！九原之下，公能一吐其氣否乎？比者吴逆叛亂，城郭空虚，公墓榛莽，幾不可辨識。蚩蚩之氓，從旁侵軼，有司莫以告。豈公昔日躬攖刀鋸，血肉淋漓，駡不絶口，羣賊咋舌歎息，其聲靈氣焰，乃不足庇此一抔耶？抑結念君親，他無足惜，即臠割支解，亦且含笑從容，則遺骼委之荒煙冷草，有所弗顧者耶？雖然，式閭表墓，聖主所以崇奬正人，維持風教，良爲萬世法，非爲一人計也。余巡撫湖南，承凋敝之後，振頽舉廢，飭所在忠孝名節，故隴、長阡咸加修整。越二載，攝善化縣篆、桂陽州倅孫自儀，以公墓在境，請加封樹。余既令其鳩工庀事，方伯黄君静庵遷自嶺右，同城文武多公之鄉人，相率拜於墓下，登其饗堂，毅然仔肩，共勷斯舉。於是，榱桷、松楸，頓爾改觀。黄君乃請記於余。余謂公之節烈，潭人道之，赫赫若前日事，且洪、趙諸公記之詳矣。使馬鬣無傷，麗牲有石，都人士以及四方來者，過孤墳而酹酒，對豐碑而墮淚，庶幾與浮湘弔屈同一寄其悲思乎！况公碧血如新，靈爽熠熠，塞天地，泣鬼神，千秋萬世，歷久彌光。以視一時守土之吏，當賊焰方張，望風遠遁，甚至稽首迎降，冀苟活旦夕之命而身名俱辱者，其人之賢、不肖，相去爲何如哉！後之君子，有綱常之任，繼此而加毖焉。俾春秋俎豆，永而弗替，則今日之舉，所繫顧不重歟？竊以一言表於公之墓道云。

康熙二十六年丁卯夏，撫湖使者丁思孔頓首拜撰。

墓　表

嗚乎！此有明贈太僕卿、前長沙司理、忠烈蔡公江門先生之墓也。公以駡賊寸磔死，曷爲乎有墓？公之幕卒淩國俊將從公死，而先裹公骸以葬於此也。

公諱道憲，江門其號，閩之晉江人。少穎悟，博覽羣書，兼通韜略。崇禎癸酉舉於鄉，年十九。洎丁丑成進士，筮仕雲南司理，以父艱未任。服闋，補長沙。獻賊陷鄂岳，前騎猝至，湘陰城戒嚴。吉、惠二藩走衡州，撫軍以下，監司、僚佐皆遁去。當是時，公方攝太守事，與守將尹先民誓死守。先民陽許諾，而陰與吉閹輸欵於賊。八月朔，圍長沙。一夕，公單騎臨城，會賊十餘攀堞而上，公悉手刃之。尹先民出戰詐潰，引賊偪城下。賊呼曰："吾素知公名，請毋死。"公彎弓射之，賊少退。乃急出城中民十萬餘家。城陷，公還署，朝服北面拜，遂被執。幕下卒九人皆從。及見賊，令公跪，不屈，以刃劚其膝仆地。使尹先民誘降，公厲聲叱曰："吾即死耳，恨不磔殺汝！汝尚何言？"奮拳擊之，先民避去。賊又謂九人者說公降，不降，爾曹亦死。九人者曰："吾公可降，不至今矣。吾輩畏死，不至此矣。"賊怒，先戮其五人，以懼公。公不動，且笑且駡。賊執刃揕公胸，血濺賊首，即仆。諸賊皆失色。頃之，復磨其頸以刃。公起，旋揚眉舉足，笑自若，駡益不絶聲。賊乃斷其股，裂其眉。公復麾手作擊賊狀，駡益厲，已而兩腕皆斷，舌亦鉤出，齒盡毁。公含血噀賊衣，猶以眼鼻爲窸窣聲向賊。賊怒甚，復命刮眼劓鼻，支解盡乃絶。諸賊觀者，皆爲股栗，泣下。此癸未八月二十六日事也。時年二十有九。明年正月，賊潰走。事聞，贈謚如今稱，更立祠祀焉。

當公之死也，幕下卒九人戮且盡，淩國俊獨躍而起，謂賊曰："緩我須臾死，俟葬吾主後殺我。"枕公尸大慟，解衣裹其骨肉，血淋漓，并拾朱履，藁葬城南醴陵坡下。其明年，兵使者堵公允錫，易衣冠改葬之。今謂之理靈坡，蓋以公官司理而易名也。國俊詣賊所請殺，賊欲活之，俊不可，遂自經也。昔李忠節公全家死義，有帳下卒沈忠自殺以殉。今公死而俊從，豈皆其後身耶？余幼聞先君子稱説，即慕公之爲人。及撫長沙，既拜公之祠，復率僚屬、將吏拜公於墓下，爲言公殉難本末，聞者皆欷歔不自勝。

嗚乎！公之死，距今六十餘年矣，而興起激發乎人者如此。此非其忠義大節，誠足以風百世而無窮乎？予又讀《郡志》中山陰宋俊爲公傳，其言公被執，乃尹先民誘而縛之以降賊。嗟乎！先民負心賣國，偷生一時，今亦安在？而公俠骨在地，忠魂在天，孤隴長松，一抔千古。文山云："奸雄過此，仔細思量。"豈不信哉！淩國俊，字瑞甫，湘鄉人。家在公墓旁。

賜進士出身、巡撫偏沅等處地方、提督軍務兼理糧餉都察院右副都御史、武進趙申喬譔文。

長郡城内建祠崇祀江門蔡先生祠記

本廳以司李因城而死，故祀之城内。擇建於大西門街，與宋殉難李公祠並峙屈、賈二先生祠左右。其間地高潔，原係欽賜忠臣遺址。柏陰涵地，竹卉參天，中有屈池、方檻、幽草、香蘭。入祠拜瞻，不獨追流芳而神快，亦且觸景物而心清。匪曰飾觀，蓋江門不屑不潔，南相從最久，每於中途借陰避暑，必擇清泉怪石處，然後束馬席地。故祠不取大而取精者，相所性也。

祠前豎石牌坊一座三架，中寬六尺，兩旁寬三尺，高丈餘，飾以石升斗，顔其匾曰"蔡公忠烈書院"。

二門一座以木爲之，磚封兩壁，巍其門而固其鎖，晨暮責之守僧啓閉。庭前立木牌坊一座三架，中寬八尺，兩旁寬四尺，高丈餘。綴以斗拱，顔以青緑，題其匾曰"乾坤正氣"。

大廳三棟，窗虚八面，磚固四隅。俯伏拜稽之地，鋪以洗磚。中一間砌石座，高六尺許，塑江門忠像於其上。民間愛戴之久，追想之切，塗人若有授。像貌凛然有生氣，丰骨稜稜，英氣勃勃，跪拜其下，不忍仰窺。可憐一片香骨知何在，恃得此身萬古傳。四圍覆龕面立一座硃地，金字上書：明賜進士出身、長沙府推官、忠烈蔡公江門先生神位。香燭煌煌，羅拜者濟濟。江門先生可以無死，亦可以死矣。

廳後過道門一棟，粉砌磚封，旁門、小圓門一扇。外可進大廳祀香火，内可通後廳香火，以便守僧關防。

過道門曲徑向東轉西，作石橋一座，兩邊小池注以清水，連橋作四方小屋一間。兩邊栽香蘭數本，清芬爽潔。

後廳三大間，前有丹墀，用磚砌卍字。照壁一面，頗極工巧。接廳起方亭一座，週邊植松柏、檜竹，亭極鮮雅。余思江門而不得見，命工繪小像奉之。因思屈、賈、陶、李諸公皆有功星沙，而廟貌俱被賊焚去，附其牌位於亭内配享江門。作其匾於亭上，曰"羣忠閣"。列一時死難，如寧鄉令丘、湘陰令楊、本府孝廉馮，皆附於左。子衿中之死節者，亦敘名刻於兩旁。凡以前有古人、後有今人，我江門直光映於古今上下間，春秋蒸嘗，江門忠魂且不孤矣。

亭之東作六方闌，面開一池，種以芙蓉。中塑白衣大士像。亭北創僧寮三間，延僧六衆，頂禮其中。威儀齊整，器品無聲。江門因慧業文人，昇天成佛，此其時也。

庭之後尚有餘地，可作精舍三間。有拜吊江門者，暫可燕居。因本廳奔走道途，未及料理。中有清泉一井，味香而甘，非建業城下物。汲之烹煎，松風颯然。信乎其爲靈地也。祠内安置鐘一口、鼓一面、香爐、花瓶、棹几。

生員郭金臺施送祠田一百畝。

本廳置善化縣龍崗沖謝言户下民田一分，隨莊房、竹木、水塘，年收租七十多碩，價銀二百兩，以作每年香燈、修理之費。錢糧載别册。

祠四圍皆高牆磚砌，四至廣闊約有數十丈以上，土木工役俱照市給，恐一毫損民，則江門不安。約略費過五百多金。

衡州司李子觀朱寅翁助銀十兩。

擇期於本年二月廿六日，迎江門先生神主入祠。開吊三日，率諸生素冠緦服三個月，至五月廿六日釋吉。攸縣城内建置忠烈祠，係本縣士民鼎建於城内中正街，軒潔高巍。六月初三日迎江門先生神主入祠，另設祠田一分，年收租三十石，約費銀五百餘兩。

長沙城外建設江門先生祠宇記

擇府城南門外醴陵坡高阜之地鼎建祠宇一、所一，門牌樓一座。本府親書匾額“理靈蔡祠”四字。此古醴陵坡，癸未秋，蔡公死難星沙，越明年五月，率諸同人卜地建祠於此，因改爲“理”，志公之盡職也，改爲“靈”，志公之不朽也。庶名以義著，地以人傳，履兹土者，千載後共仰蔡公理之靈云爾。

祠中廳一棟，前砌丹墀，屏牆約闊五丈，磨磚砌地，頗能壯麗。前後油漆，堂上匾額本府書“嶽立湘深”四字。堂中闑神位一座，硃地金字，上書“明賜進士、湖廣長沙府推官、忠烈江門蔡公先生神位”。便潭之士民蒸嘗奠祀，崇尚不朽。祠川堂兩旁砌天井，周圍玲瓏十扇。祠後堂中立準提觀音佛像，旁置鐘、鼓，召僧曾因誌等朝夕焚香，誦經禮懺。左右廊房給僧人居住。

祠左置南廳一所，一連七間，約寬十丈。上有南樓，窗櫺齊整。其祠堂週圍皆係磚城，祠右係通官路。另建茶亭一所，上安牌額“理靈棠陰”四字。亭邊亦新建舖房，賃民居住。周圍俱有空地數十丈，令栽樹木、花菓以壯宏觀。本府親臨躧勘，仰委周經歷具文開報，附卷。仍築壕基，土牆爲界。祠内安置鐘、鼓二事，鐵香爐，鐵花瓶。

鼎建江門蔡先生墳墓記

本府敦請堪輿徧以附郭卜覓，據地理宣見南採擇祠前山地一所，扦作蔡先生佳城。甲山庚向，兼卯酉三分，來龍結穴，秀氣所鍾。左右龍虎環抱，界水分明。登山一望，嶽麓爲屏，大江圍帶，可謂湖南巨觀勝地矣。

墓前三臺門一座，本府親書“理靈蔡墓”四字。香亭一座，旁砌牆垣，裝修格扇，安置香棹、爐瓶，以承永祀。

墳墓記：本府責令受工、吏書、皂快用磚石修砌，羅圍佳城一座。外用磚砌二十餘丈方城，栽培樹木，以壯大觀。墓前水塘三口，作養生池。旁連水田八畝，備價買生員何璋的，以便培植建築。另置長沙縣民田一百畝，以作本祠春秋香火、逐年修理之費。

靈柩記：本府備銀一百二十兩置買。

裝檢掛孝記：本府備銀一百兩，置買大紅圓領官帽、帶、靴及殮襯、吊慰綢帛等物。追荐道場四晝宵。本府備銀二十五兩，給發僧人訖。

以上通共費過銀一千兩零。

祠田記　　趙申喬

自來忠臣義士，臨大節而不可奪，至於捐軀如蹝、視死如歸，其浩然剛大之氣，足以充塞天地，争光日月而垂之無窮，固不在乎廟貌之存亡而廟食之有無也。然而，國家風厲之典與其邦人哀慕之篤、報享之誠，則不可以廢。

蔡江門先生道憲，閩之晉江人。起家進士。年甚少，明季司理長沙。當是時，闖獻分道流掠，而獻賊已陷武昌，循咸寧、蒲圻而上。所過皆殘破，進偪長沙。會太守先入覲，監司以下僚佐皆遁走，獨公一人晝夜爲守禦計。守將尹先民陰輸欵於賊。公知事不可爲，乃急出百姓十餘萬户，嬰城誓死守。賊稔知公護民，聲言不下且屠以脇公。公正色駡曰："寧磔我，無殺百姓。"城陷，被執。公朝服北面再拜曰："臣生不能滅賊，願以死報。"賊百計誘降，公駡不絶口。賊擲刃刺公胸，血濺賊首，即仆地。公揚眉舉足，神色自若。賊斷公足，裂公眉，公復以手麾賊。既而截其兩手，鉤其舌去之，又擊其齒，磔且絶，猶楚楚作恨聲。賊詰："何恨？"曰："恨不殺尹先民，獨濫殺吾百姓耳！"賊皆爲流涕。

事聞，贈太僕寺卿，謚忠烈，建祠置田，奉祀焉。嗚呼！人臣遇難，能死忠者鮮矣。如公之死，更有幾人哉？先是，壬午秋，公預分校，時先君子以公安令偕入闈，一見如平生，以道義相期許。及入覲，聞公赴義，先君子南面長號曰："江門死矣！"爲哀辭以弔之。先君子嘗言：公之忠孝，出於天性。舍生取義，其素所立志已。然余心識之，未嘗不感憤太息，想見其爲人。今士大夫不幸而生危難之秋，雖蹈白刃、赴湯鑊，乃其常事。然而慷慨永决，須臾畢命，父母、妻子都不暇念。若公之殺身如此之憯而一息常存不亡區區之百姓，豈非其忠主庇民之心，纏綿固結於中而不可解乎？嗚呼！可以百世血食於玆土矣。

闖逆犯瀏陽，太守周公二南督兵往，鏖戰歿於陣，贈官亦如公。祠今謂之二忠，是也。祠有田千畝，爲兵使者堵公允錫，籍諸從逆家以爲忠烈祠田。滄桑以來，奸僧、武劣相繼侵踞。公之鄉人、舊善化令倪康年，查復基宇，清出祠田二頃二十四畝有奇，視經始舊額僅什之二三耳。予奉命撫楚南駐節，仰體聖天子風世厲俗之意，凡忠孝節義，載在祀典，而祠宇毁廢者，皆爲按册清釐。於是，士民之好義者，懼公之祠田終遭侵没也，請以一言垂諸後。余乃下所司議之，按其興廢之由，核其見存之田地，皆言宜如所請。且言當時死賊者，有孝廉馮一第、歲貢吴愉、湘陰縣令楊開、寧鄉尹丘存忠、長沙府照磨莫可及邑丞吴士義。又，公之幕卒淩國俊、陳世科，皆宜從祀公祠。淩國俊者，公之幕下從者九人之一也。將就戮，先解衣裹公骸，瘞城南醴陵坡，詣賊所自經死。其殉公爲尤烈。余考之《志乘》，采之外史、遺文，與所議皆合。爰悉從其請而臚其説於右。更爲文詳公殉難本末，表於墓傍，以是見忠義之不可磨滅，而今日之人心猶有不忍忘公之德者也。雖然，余惡能文，夫亦本先君子之所言，而聊述其生平景仰之私焉耳。至於祠田，在華嚴塘洪山廟長塘二處，載糧善化之四都三甲十柱册尾，每歲額租二百二十七碩。向入僧户，殊不經，特令改正忠烈祠户名。後之守土者，時加釐察，俾烝嘗有賴，未必無補於名教云。

募復祠田敘

自昔忠臣烈士，不惜捐軀就義，初不過直遂其本心之所安，而其究也，可以立綱常於百世。而人之於忠臣烈士也，既書之史册以久其傳，復飾之祠宇以崇其祀，初亦衹爲不忍没其人之名節，而其究也，實以樹之風聲、激發忠義，而興秉彝同好於天下也。嗚呼！人倫之際，爰首君臣，忠孝之外，更無人品，忠孝、節烈之關於世教也，詎不大哉！

吾鄉蔡江門先生，當明季崇禎間，爲長沙司理。遭逆賊之亂，被執不屈，竟碎首裂肝，備罹慘毒以死。余適以薄宦楚南，因得訪故老而談往事，輒流涕歎息曰：先生天下綱常奇男子也！前有睢陽，後有先生，英風烈節，今古同符。汗青紀載，當屬史氏。我輩欽崇，允宜啓祠，以光祀事。而訪厥祠宇，甫建旋廢，廢而旋復，皆吾鄉三山倪君康年、温陵楊君廷彦倡義募修之力也。

惟是廟貌固已重新，廟畔尚有隙地未盡清復。且廟有祠田四百畝，先爲倪君查出，續因滇逆之亂，復爲住持偷賣他所，迄今未克清復。朝夕香火、春秋俎豆，能無缺焉不修？斯亦吾鄉諸君子誼所不能已也。且余遊行天下，每見先賢祠宇，凡資田豐贍者，多歷久不廢。其資田凉薄者，住守之人去來靡常，非侵佔於豪勢，則漂摇於風雨，皆不久旋廢。然則，祠田者，非第爲香火、俎豆之資，亦所以維繫守僧而翼祠，使之不廢者也，祠田又曷可少哉？惟在我同志，共襄義舉。多者從多，何妨捨金布地，少者隨少，譬彼聚腋成裘。務使盡復舊物，永垂廟祀。是豈特以妥先生之靈，而慰吾儕與長人無窮已之思哉！夫亦將使宦遊過往之學士大夫，與行旅商販之細民，瞻先生之祠，訪先生之事，且傳誦先生之遺詩、文，還相告語。至於通邑、大都，以迨遐陬僻陋之鄉，靡不共見、共聞先生當日之仗節死義，轟轟烈烈如此。在在如覩忠烈之祠，人人咸景忠烈之節，於以震動乾坤，照耀今古，而激發懦頑，是所爲興秉彝同好於天下也。先生遺詩、文，存者寥寥。余去歲搜羅，得《悔後集》而刻之，行將送置祠中，以公同好，以廣流傳云。

康熙丙寅夏四月，温陵黄志璋謹序。

江門蔡先生祠記　　張爲珪

全節義於一旦者，積節義於平時者也。有節義之肝腸者，無節義之形貌者也。觀於靖難之人，慟哭者偷生，無淚者死國，蓋立名之與根心，其誠僞固不可以欺靖難之人矣。君子讀史，至明季，未嘗不掩卷而嘆息也。平日儒冠法服、高談節義者，皆鳥飛獸散、奴膝婢顔耳。其爲歲寒之長松，疾風之勁草，曾有幾人哉？江門先生當之矣！

先生姓蔡，諱道憲，字元白，江門其别號也。少即穎敏，工詩能文，而浩氣流行，迥出塵表。僻水窮山則高嗚自適，稠人廣坐則顧盼若無。或吹竹彈絲、試馬挾技，而政治之得失、運會之盛衰，未嘗須臾忘懷也。弱冠成進士，司李長沙，摘伏雪冤，有"蔡青天"之號。當風鶴傳聞，即遣妻奉母先歸其鄉，蓋自知必死，不忍慈親之目擊也。及四方多壘，守禦有備，制敵有方，變土崩瓦解之疲民，爲親上死長之壯士。獻賊睥睨而未忍加兵者，先生力也。昊天降割，巡撫入城，碩畫奇謀，動見制（掣）肘，而事不可爲矣。其時虎狼未逼，猶可遁迹去也。白首垂紳者何人？黄金横帶者何人？獨以弱冠之司李，繫孤城之存亡。至於刀鋸百脅而不驚，勸誘萬端而不動，整冠拜闕，駡賊捐軀。下至衙卒、賤人，亦感激而效死者，豈倖全節義於一旦者哉！世之淺測先生者，或以爲詩歌文字中人，或以爲豪俠聲色中人，或以爲科名仕宦中人，而不知其植天柱而壯地維者，固慷慨赴死，從容就義，合爲一人也。豈非有節義之肝腸、無節義之形貌者哉！

温陵爲先生桑梓，而祠宇未建，甚闕典也。康熙丁亥，督學楊公倡建特祠，厠於學宫，而祠未有記。今歲甲辰三月望日，珪自粤抵泉。是夜，夢先生自道其姓號，且曰："吾祠付子而記。"夫顯忠貞，維風化，君相之權也；傳先烈，誌不忘，後世之責也。乃記以遺其子琯勒石於祠。又以先生少好《楚詞》，年二十九，竟致命於楚之長沙。爰做《楚詞》俾歌以祀先生，先生志也。歌曰：能砥柱於國兮，斯俎豆於鄉也。易腐者軀幹兮，難得者眇光也。先生之節義兮，即先生之文章也。作長沙之長城兮，賊尚憚此一方也。呼疲民以奮臂兮，憚兵氣之不揚也。知棄城可以自全兮，誰與守此封疆也。濺熱血於楚地兮，驂靈均而翱翔也。魂兮何在？不於汨羅，必於瀟湘也。魂兮歸來，桑梓亦可徜徉也。吹竹彈絲兮，遺韻尚遶乎屋梁也。試馬挾技兮，仍舊日遊戲三昧之場也。慰此都之人士兮，毋遽返乎帝旁也。美輪奂兮，近宫墻也。畹蘭潔兮，泮芹香也。鳴金石兮，肅冠裳也。擘鱗脯兮，酌桂漿也。先生尚在兮，無悲傷也。

附録　泉郡祠廟勒石

按《明史》：公諱道憲，字元白，號江門。崇禎十年會魁，授長沙推官。多善政。

十六年,張獻忠陷武昌。承天巡撫王揚基奔長沙,公請還駐岳州。及賊入蒲圻,揚基遁去。湖廣巡撫王聚奎徙長沙,公謂“岳與長沙爲脣齒”,亦請移岳。不從。賊陷岳州,直犯長沙,聚奎遁。惠王與吉王走衡州。公獨與總兵尹先民拒守。賊遶城呼曰:“軍中久知蔡推官名,速降,毋自苦。”公命卒射之,多斃。賊怒,攻益力。越二日,先民出戰敗還,奪門入。公被執。賊啗以官,嚼齒大罵。釋其縛,延之上坐,罵如故。賊使先民説降,公怒,奮起捽擊。賊以公愛民,謂曰:“汝不降,將盡殺百姓。”公大哭曰:“願速殺我,毋害我民。”賊知不可奪,磔之。心血直濺賊面,賊昏仆。

健卒林國俊等九人隨公不去,賊使説降,國俊曰:“吾主畏死去矣,不至今日。”賊曰:“爾主不降,汝亦不得生。”曰:“吾輩畏死亦去矣,不至今日。”賊并殺之,四卒奮然曰:“願埋主屍後死。”賊許之,乃裹公骸葬于醴陵坡,遂自刎。公死時,年二十九。事聞,贈太僕少卿,謚忠毅。

國朝今皇上賜謚忠烈,輓以詩章。

大學士宗裔新勒石。

勸捐塔江忠烈公祠廟小引

忠烈公大節凜然,炳耀千古。旌忠之祠勅建泉郡,有司春秋致祭,典禮維虔。其塔江祠宇,即公發跡舊居也。子孫貧弱,爲豪右强鄰侵凌作踐。幸當道剖斷嚴明,懲其不法,豪强斂戢。未幾,復燬於火。豈天之降割若是耶?抑亦忠烈公在天之靈,欲使子孫重脩廟貌、式克構堂,以爲世守之基也耶?族子衵生志慨以本支式微,來商兹舉。余惟公盡節之後,長沙太守爲奏建祠廟、經紀祠田,歷久不衰。矧塔江桑梓之地,爲公毓秀之鄉,凡在譜,未忍聽其滅没於荒煙蔓草,而莫爲之振興也,亦可羞已。是用舉其梗概,告我宗親,各襄義舉。併望一二能事之人,協同志慨,不辭勞勩,董司分理,是區區之所厚望也夫。

乾隆乙巳冬至後,西湖宗裔新拜書。時年七十有九歲。

重脩忠烈公祠勸捐小引

塔江忠烈公祠，乾隆乙巳年，先大傅文恭公以其裔孫志慨來請構造。嘉其志，欣然應請，爲之倡率，告我宗親，各襄斯舉。未幾，祠宇焕然，堂構嚴正，誠可以崇祀忠魂而爲百世所瞻肅也。客歲，余任南寧府篆，地方質樸，囊無餘資。今春得公裔孫思誠書，復以重興公祠告於余。余詢其棟宇傾頹，風雨幾不能蔽，悵然者久之。余素仰公之大節，又感先君子之創始於前，屈指三十餘年，而往來代謝，一至此耶！於是，傾囊以付所得，不過若干，余甚愧。願與吾宗共成之，因爲數語，以弁其首。

嘉慶丁丑年四月穀旦，廣西南寧府知府、護理左江道事漳浦宗裔本俊拜書。

原　　序

文章之在天下也，如日月經天，江河行地，所謂經國之大業，不朽之盛事是也。然觀古今以來著述之家，何啻千萬。其人以文重乎？抑文以人重乎？人以文重者，猶夫文人之文也，其文未足多。文以人重者，非猶夫文人之文也，其文斯可尚矣。何者？有聖賢之人，斯有聖賢之文；有忠孝節義之人，斯有忠孝節義之文。聖賢之文，不離乎道德；忠孝節義之文，根極於性天，所以宣之而爲經，矢之而成訓。即其遊覽山川、酬答朋侶，與夫吟詠性情、寓物託興之作，舂容乎大篇，寂寥乎短韻，讀其文，無不可以想見乎其人，而非一切文章之士，依倣比擬於辭藻聲律之間，所得而相並者。蓋情之至者，性之至也。性真故情真，情真而文亦真也。

吾鄉蔡江門先生，當明季崇禎間，爲長沙司李，遭流賊之難，慷慨捐軀。其孤忠勁節，既已與唐之張許輩鼎峙千秋，争光日月，當亦無俟推論矣。惟是詩文爲先生精神心術之所存，宜搜輯而表章之，以傳於後世。然覓其殘篇斷稿，寥寥不可得意者。先生妙年登第，從仕未幾，即身死國難。或者無多著述，又或鼎革之際，兵燹相仍，即有論撰，亦埋歿於荒草冷煙之中，而不可復遘耶？

迨余薄宦楚南，因得謁先生之祠，訪故老而詢其遺事。嗣後，又得《悔後集》，讀之卒編，撫几而歎曰：嗚呼！如先生之人，不必以詩文傳也。即先生以詩文傳，其詩文亦不必作文字觀也。綱常萬古，節義千秋，雖農夫走卒、兒童婦女，聞公之名，知公之事，猶且咨嗟涕洟，恨不得取逆賊之屍而盡戮之，以報公於地下，而況學士大夫讀其書，誦其詩，以想見其人，而追論其事，必有油然而動其愛君殉國之思者。則夫先生之英風義烈，所以興激懦頑而綱維世教爲何如哉！甚矣！先生之詩文不必傳，而又不必不傳也；先生之詩文不必作文字觀，而又何妨並以文字重也。凡爲臣子者，聞風而起，可取昔日之忠之節，以光其今日之詩之文；又可取今日之詩之文，以著其昔日之忠之節。則兹《悔後》一集，當與天壤相敝者也。即先生之名，亦當與天壤相敝者也。謂詩文以先生重，以先生傳，可也。即謂先生以詩文重，以詩文傳，亦無不可也。先生撰述，固根極於性天，以發揮乎文藻，殆與供奉、右丞之詩之文，其所由來，相去遠矣。所恨者，寥寥數篇，不獲覩先生之大全。然白狐千腋不厭多，而青鳳一毛不爲少。如文山有集，備結撰之具體；睢陽有詠，傳聞笛之短章。千載之後，同一欽挹，又何必存夫多寡之見也哉。

抑余又有感焉。夫聖賢之學，心學也。即游夏文學，亦所云六藝之精，皆歸本於道德，而非馳騁詞藻之謂也。自三代以下，學者多騖浮華而忽本實，工於雕蟲小技，而昧於綱常名教。虚文愈盛，實行愈衰。敗行喪檢而外假仁義，遺親後君而口談忠孝。學士無真性情，天下所以無真名節也。今觀先生諸詩，詞致婉摯，一往情深，似與鐵石肝腸迴異。不知古來忠臣孝子，不過情摯於君父者耳。先生有此一段深情至性，宜其有大不忍於君父者，而成其忘身殉國、捐軀就義之本領也。千百世之下，讀者當自知之。

志璋於先生叨同里閈，而先生又與先君子同登丁丑科進士，忝在通家。子弟幸得兹集，悲喜過望，因捐俸鏤板，送置星沙先生祠中，以公同好，以廣流傳云。

康熙二十五年歲次丙寅，正月穀旦，温陵黄志璋拜手譔。

原　序

志璋昔薄宦湖南，抵星沙瞻拜江門先生祠宇，廟貌巍然，覺精爽尚新，因賦詩，有“嶽麓長盤浩氣住，湘流如擁血魂奔”之句。既而慨歎，先生實産温陵，殉節之地有祠，而鍾靈毓秀之區無祠，豈非缺典？然私念秉彝之好，人心同然。吾閩之祠，不妨姑待於異日也。因於星沙先搜採其遺詩文，序而梓之。迨璋自隴右乞歸，因訪求其嗣子知遠《行狀》，得諸友人敝筐中，蠹蝕僅辨字跡。伏讀再三，覺筆力高古渾健，其於闡揚先生盡節、罹難、慘酷之事跡，殆無遺憾，遂恭録授梓。復偕泉郡諸紳士倡建義舉，今祠宇垂成矣。其孫瑄又授余以先刻未載之遺詩及書、啓數帙，今先將遺詩授梓，以續於前帙。同星沙前刻之版並與其孫收藏其書、啓，再俟異日有心者協同續梓也。

嗚呼！先生節烈，昭揭日星，固無庸復贅。惟是吾鄉山川靈秀之氣，鍾爲人物，自前代迄今，其文章、科名、爵位、勳業，皆與上國埒。獨仗節死義之士，不少概見。兹因祠宇既建，凡學士大夫，下逮閭閻之凡民，瞻拜於祠下者，咸有以激勵其氣節之思，潛移其頑懦之習，是吾鄉實藉先生以爲重也。泉山若增而益高，晉水若濬而益深。昏塞鄙倍之氣，悉化爲日月光明。然則先生之爲鄉邦重也，豈曰少補之哉！故兹續刻遺詩，復恭述以附於卷端。

康熙四十九年重陽，年姪黄志璋頓首謹題。

原　序

稽古之傳人，以人重，匪以言重也。人足傳，即不詩文，何損？如徒以詩文，則亦詩人文人已耳。余讀忠烈蔡公詩，蓋不禁喟然三歎也，曰：“嗟乎！公之大節凛然，照耀千古，奚必以其詩哉？即詩，亦奚必多乎哉？”

先是崇禎末，潭邑郭氏刊公詩，號《詩存》。郭固公門下士，言詩以師存，非師以詩存也。知言哉！詩僅四十餘篇，對之若拱璧，肅然起敬畏。如誦《正氣歌》，忠義自生，固不俟復讀《文山全集》也。公詩骨力峭勁，衝口無凡近氣，即不多，足珍，矧諸體已略備哉！會劉生贊孟持黄君北山哀集先後憑弔忠烈詩若干首，索予序。予曰："是固然已。公不有《詩存》在乎，盍以冠篇端？若碑、若傳、若序，皆有關公生平者，與先後憑弔詩附於後，庶爲大備。"黄以爲然，爰授剞劂。予惟蔡公大節赫赫昭著，足以塞天地、動鬼神、扶名教。其廟祀，百世固當與李忠節、劉忠毅共峙潭州。顧公年最少，死最烈，有墓在孔道，尤足以感泣路人，較李、劉二公，似爲過之，正不待讀其詩，而後悲其人也。然此特在楚言楚耳。若天下後世，聞忠烈之風，復讀忠烈之詩，其感慕興起，自有同情。則不以詩傳者，亦正不必廢詩也。

嗚呼！古忠臣義士，其不見諸詩歌而傳者，蓋亦多矣。而況見諸詩歌且垂諸史册，有若蔡公者哉。

黄岡胡之太序。

悔後集原序

《悔後集》者，江門蔡公所著詩也。集刻於崇禎壬午，正公司理長沙時。其時，郡國搶攘，流傳未遠，而鏤板寖失，遂如夏鼎、商彝，不可多見矣。

梅今之爲是役也，蓋緣外舅劉翁子正曾以制義受知於公，面贈是集，歸而珍藏，奉爲世守。無何，獻賊陷郡，公既殉國，外舅奔竄流離，集亦隨亡。屢思再壽棗梨，廣其傳以報知己，其如搜索之窮何。康熙壬午，外舅過梅齋中，適《悔後集》在焉，見之，如獲拱璧。以梅小子可與言詩，咏老杜"自得隋珠覺夜明"之句，不自知其狂而欲舞也。

嗟乎！公之生平，豈待詩傳？即公之詩，又豈待人而傳耶？竊聞公之殉國也，事在先朝，郡中大僚俱護藩王後先去，公獨與總戎尹先民誓師守且戰。逮先民輸款，賊入遂降。公下馬整冠，北面再拜，"臣不職，惟以死報天子"。言訖，爲賊所得，再三誘降，公罵不絶口。賊命磔之，公欣然就戮，罵愈厲。磔將死，猶矻矻作恨聲曰："恨不殺尹先民！濫殺我百姓。"重呼曰："報得君恩，顧不得母養。寧殺我身，勿殺我百姓。"語過鋒寒，日沉影痛。忠哉！烈哉！蔡公真可動天地而泣鬼神矣!

公晉江人,諱道憲,號江門。由進士爲長沙司李。以崇禎十六年八月,城陷,公年甫二十九。靖難日,上贈太僕卿。百姓感公忠烈,祀公以祠。今集重梓,梅自攸江載至長沙,詩板藏之祠中,亦見湘江遺民能愛戴忠烈於千載後也。

楚攸後學彭廷梅湘南謹序。

悔後集自序

悔後者何? 前日妄作詩,今而後悔也。悔後而復有集者何? 吾但能焚前日之詩,今日則且集之,以俟後日之更悔也。嗟夫! 人生亦然,寧惟作詩。吾去年所見事,自謂已至者,今年皆知其不至焉。若謂知其不至者,即是自知。何以自知之後,更復有悔? 吾見神仙拔宅之後,應無甚奇特,悔前此不餐人間煙火也。元白方自謂,而主人翁出,曰:"子能罷作詩乎? 不能罷,而又悔,是兩勞也。"元白遂有斯集。起於壬午正月之五日。

晉江蔡道憲江門題。

蔡忠烈公遺集卷四　悔後集

詩　上

有所思

我意存高尚，披褐欲入林。無言與世隔，去去乃山深。雲氣封芝草，秋花多苦心。渭水隔悲響，虎豹嘷且吟。可有采藥者，杖屨坐幽陰。相送亦何道，白日忽西沈。瀼露交叢薄，月色挂遥岑。山水自凄寂，豐腴在好音。匏盡竟一曲，騷屑良獨任。

偕元謨諸昆過東汝兄迎台閣晚挑燈小桃源分韻得巡字

南北相過莫厭頻，秋衾夢染白雲新。何如小閣一尊酒，迭作名山兩主人。醇醪只爲公瑾醉，寒花應著阮郎春。殷勤石上栖燈火，數尺亭溪遶幾巡。

遊雙鶴山賦呈陳拙瑕師

偶然杖劍出煙霞，石上何年籠碧紗。别去親知忘甲子，到來巖壑又秋花。千春邂逅詩猶在，雙影高寒鶴未斜。更上諸山最絶頂，芙蓉海色是吾家。

感懷呈諸葛執叔

匹夫生田間，南畝力可竭。胡爲厭貧賤，功名如麵糵。勞勞百年身，事人三寸舌。管樂冢上碑，苔花字已滅。運會在須臾，所思不可掇。鬚髯怒無言，動作經春别。俯仰真奈何，中夜懷冰雪。悔便語初心，只今愧賢哲。天地爲混沌，人愁無斷絶。下帷拜古人，爐煙燼復熱。

三里梅數村竹舊刻作"三梅村數里竹"。

十里濃栽竹,孤村故字梅。江頭少醉客,石路已生苔。無意知年月,何人偶往來。語君勿孟浪,隱士亦須才。

白　菊

風霜首此花,經時意云屬。皎皎雲輕陰,日暮闌干曲。明月殊未來,高枝相對矚。願子惜素軀,天寒最軟玉。

菊雨獨坐

望爾香力厚,嘗懷經歲心。風前多别蕊,丹葉亦辭林。千里想容輝,對之獨撫襟。不識栽者苦,雷雨戀秋陰。花自無愁色,但罷主人斟。既謝脂粉質,爲意不須任。並坐作相思,報子在霜深。

三山與林子野

乘舟方到市,庶可見君顔。别爾動經歲,生吾隔數山。何須煩造化,如此置人間。長瘦坐相憶,秋深語月還。

同家元澹兄謁宋執節諸葛少保公墳登雪峯巖迷林麓間久乃得路

虎拜先賢露未晞,青楓白馬黄金鞿。樵眠有路無心得,僧老何年帶雪歸。秋色一江分客供,暮雲千里落書幃。層樓猶爲高未極,片石峯頭好振衣。

寄盧皇授

英劭如君何激昂,時觀潮汐議行藏。氣通帝座去三尺,胸列雲霞盈七襄。特樹令聞今陸子,徧交名士又周郎。懷人遥託無他願,兵氣銷爲明月光。

仙霞嶺桃花妖艷口占一絶

嬝娜紅妝整復斜，東風日暮嫁誰家。小溪深隱漁郎拙，笑向春前染紫霞。

春隄曉雪迴文

孤材一夜雪漫漫，白盡沙隄春惹寒。途滿玉花梨落蚤，烏啼隱處曉霜殘。

迴文和蘇薦卿

雲染半山玉是家，夢成欲退曉霜斜。醺醺尚憶低聲笑，君似未容夜看花。

前一宵夢得芳草爲媒嫁落花之句後一宵夢壻仙家因續成前句

踏碎春雲乘晚霞，只憑明月識卿家。可憐酒溼臙脂嫩，芳草爲媒嫁落花。

錢塘江上咏漁家一律

家在長安裏，煙波何處村。撥花垂細餌，翦竹結斜門。卧去月千頃，沽來酒一尊。逢人埋姓字，恐有哀王孫。

湖上重遊

十日湖中泛一回，人間無事宴多才。山公騎馬應長醉，西子妝樓爲更開。何處相憐私挽棹，向人不語只銜杯。華燈凉月争深夜，尚有墜鬟認緑苔。

舟晚見芙蓉共戲效六朝體

步草愛將夕，得蓮及未風。逸民深自遠，羞女避難工。秋被宜全碧，晚妝用半紅。欲知憐惜處，取照緑波中。

秋夜舟行望月懷砥庵盧舅師叔并柬皇授表

容易分攜葉又紅，相思異地將無同。千山寫照望中月，一紙淋漓别後風。

遥憶霧溟深豹隱，現知海僻作漁翁。君家自是生金穴，新發龍泉氣似虹。

送年神曲呈北公盧舅師砥庵舅師叔

官衙羯鼓太平撾，玉火飛煙墜紫霞。青天何處汝爲家，元雲歸去道路賒。煮雞煮雞拜堂下，酒澀霜濃杯不瀉。更移瑶席剔銀燈，夜深香沸春初嫁。

催梅花寄盧藝伯皇授二表

催梅花，老我思，殷勤舊月照南枝。雪中草木皆隱伏，豈是卿卿高卧時。酹清酒，聽吾歌，雪重千山奈愁何。寒松不解文章事，太古風流懷子多。

探　梅

千年風雪認前身，白眼相看何氏民。冷落不須通姓字，蕭疎别有隱精神。莫將明鏡羞花面，輕斂塵衣避玉人。頗憶舊時攜酒處，一株斜照古城闉。

梅　信

美人無信至，使我立寒風。何處寄相憶，家住嶺頭西，家住嶺頭東。

尋　梅

霜衣薄暮更遲回，何事璚樓鎖不開。且過茶花應得意，牆西報有梅風來。

賞　梅

瘦到花開亦漸胖，南枝徑放北枝繁。嶙峋若在終難狎，顔色新成似可餐。叔夜有時山中酒，廣平止合鐵爲肝。年來不盡杯閒話，對爾無言但整冠。

折　梅

對卿臨欲去，去恐復來思。隨子折相送，常如花下時。

伴　梅

青山成獨望,始念梅花孤。稍得身無事,但忘酒一壺。乾坤惟抱膝,爾我已長須。肯放石牀卧,樂天第幾圖。

踏　梅

閬風山上佩環聲,流雲西去愁不行。玉笛只吹人間曲,不管湘娥夢未成。漉漉月上青天去,欲向瑶池歸何處。雙成臺殿已煙深,玉蘂香驕風滿路。

爲王嬙毛奴解嘲

美人顔色本自知,况是明妃未嫁時。塵土黄金尚不與,安能持貌向貌師。毛奴雖工不相識,欲肖明妃那可得。誰爲天子畫和親,但説丹青罪誤國。明妃不幸奴亦冤,何須上馬寂無言。一代公卿相對成奇策,無使君王獨厚女子恩。胡沙粉白漫浩浩,飄落桃花等秋草。漢宫日暮掩羅衣,幾月娥眉昭陽老。縱有黄金畫亦俗,俗師美人但畫肉。宫妝偷寫到人間,一幅臙脂易斗粟。不如明妃嫁與大荒西,世上貌師無處下品題。

北上謁選留别諸社盟二首

十年粗窮覽,四海不多人。中原方鼠鬬,龍伏大江濱。安知聖主意,久已屬隱淪。終當各萬里,無爲笑風塵。凉秋霜滿野,我行良苦辛。壯夫恥别淚,含意醉經旬。生平未報德,努力愛君身。

其　二

長安經行路,紅葉嚷秋聲。遲我三日雨,别酒動江城。徑復就君飲,中懷欲自傾。長嘆亂心曲,蘿月凄已明。雖知無所達,且亦坐深更。去去天之涯,誰爲數交情。豈無新知歡,詩酒浪得名。向君求一語,聊欲志此生。

留别諸葛士倫叔五首

欲别似應别,愛君未語君。青山欲送客,容易起秋雲。

其　二

我意雖存劍，安能不憶家。憑君千古誼，熱酒破春華。

其　三

停車非問路，爲飲故人杯。我去若風雪，莫登相望臺。

其　四

所欲與君語，君懷想自知。抱膝花下坐，但數來歸時。

其　五

京洛多奇士，慕君自有人。我持雙箠去，徼檄徧南津。

登滕王閣

閣上愁成帝子篇，王郎今去已千年。斷碑有氣生春草，古瓦無痕繡紫煙。江月應沾前代酒，天風誤送幾人船。古來狂醉功名薄，獨酹空波夜雨懸。

宿維揚天寧寺閲邸報太息者久之因步藏經堂見牡丹盛開感成一絶

北望京樓不忍登，牡丹庭院第三層。近來富貴學清隱，似此名花對野僧。

别廖孟符

一棹廣陵路幾千，楊花作主挂榆錢。祇應故里桃花盡，笑我春風負一年。

夜月至東平州以兵衛行懷胡叔中

野寺鐘遲動早鴉，旅心無定月東斜。雙眉梅蘂寒堆雪，一劍芙蓉静著花。劇孟不來終下客，子房何日始爲家。殷勤繫馬加餐食，人在池塘夢聽蛙。

帝城元旦

於皇天子肇王正，宫漏初收玉燭明。五夜天將分萬户，九霄霞彩落雙成。

雷聲遠遠青陽布，霜氣徐徐皎日輕。獻頌於今逢十載，聖明鄭重奏昇平。

楓亭别諸葛士年執叔

功名士論亦羞稱，此别瀟湘異五陵。知己何須勿語短，逢人無計可逃憎。君心澧浦安能隔，客面江楓已數層。勉把滄波爲止水，世閒笑口裂鵾鵬。

車中夢林子野答句憶得春來夢後二語續成

河間二月不飛花，錯認東風拂袖遮。馬入孤村煙漸破，人迷長陌柳争斜。春來到處皆酣酒，夢後何人不憶家。未識長安今近遠，黄昏更渡板橋沙。

驛亭芭蕉

芭蕉亭午有餘清，片片皆能作雨聲。幾段離騷猶强記，偶然放筆已書成。

謁三顔祠於白石山

立馬踟躕荒路口，青是苔深紅葉厚。悲風數里穴松杉，頽顔能傾虎豹走。白石當顛如拳猊，吴工新琢水晶鈕。其下古貌塑三顔，魯公之左常山守。季也孝子亦鬚眉，案有黄雞村白酒。我問此山廟何爲，屢易斷碑神已久。水有蛟龍陸有盜，吾民賴公伏九醜。當時古柏有二株，大者自燒雷火吼。嗚呼戎馬暗天時，已辭臣身名何有。天子不知何如人，多謝老翁今爲壽。

拜益相諸葛賓梅先生墓

種樹山中雲易昏，松花落盡未開門。梁王苑囿思賓客，丞相桑田長子孫。東嶺遥分鸞翮勢，前村不斷馬蹄痕。先生終古留何事，冢下耕人已結村。

午雨宿大龍驛懷諸葛士年父執開笥尋其舊詠得愁怨二首

山雨勸我宿，黽勉僕夫詞。夜長春正苦，晝睡豈相宜。四壁桃花暗，煙水共迷離。呼童勿憚煩,索我故人詩。秋怨第一詠,迴翔慘澹思。兩人嘯坐起,各各有鬚眉。其二又愁絶,肝鐵老媚姿。

其　二

亦如青楓暮,雷雨別君時。羣儒數十解,我心反覆悲。當其有所感,人生豈自持。痛飲高吟者,亭下屢相追。無書復罷酒,對君當爲誰。十年抱區區,辛苦嘗自疑。此意終愚甚,不敢令君知。

赤　壁

當年虎豹客愁攀,今在人煙秋色間。勢壓江流欲到水,身行壁上更無山。已開樓閣争題詠,未翦荆榛誰往還。且向亭西竹下去,東坡居士一生閒。

雪堂尚在黄州府廨之東雨夜不屐而遊求雪堂扁纔失囑亭長幸存之

東坡爲雪堂,不攜雪堂去。今我來黄州,尚識東坡處。風雨滑莓苔,秋燈不肯曙。四壁何蕭蕭,獨尋亭長語。雪堂二大書,東坡手自署。勿爲貪者得,遊人不得與。

晚渡江風濤大作本爲送遠乃迷客舟口占四絶

送客身方客,我愁君不知。故人情草草,止爲將歸時。

其　二

大江暮十里,中有雪山開。我念君先渡,放膽隔江來。

其　三

千檣塞漢口,無處識君舟。角聲西北起,獨上望高樓。

其　四

十五月正滿,寒風吹我衣。今宵猶未别,不可夢君歸。

江上風雨舟失復合同吴燕勒尹右五在倪伯屏舟上吴、尹二公爲倪門人。

曉風東去晚風西，一幅練波不自攜。未有前期安可别，欲尋舊詠已無題。雙流並出漢江小，滿袖新籠楚月低。我亦於君舟上醉，同年可與門生齊。

君馬玄爲吴燕勒作①

君馬玄，臣馬黄，臣馬不及君馬良。君馬遲，臣馬促，臣馬踟躕讓君足。歧路去東西，君行慎馬蹄。不信觀臣馬，霜花破蒺藜。莫悲松錦長城下，漢上青燐棲殿瓦。驊騮帶血獨生還，不見將軍歸戰罷。誰爲君馬秣生芻，鹿門山中草亦枯。古來隱士避兵處，盡資今人作霸圖。祇是英雄心未死，家中兵氣沈秋水。何勞仰面問蒼天，功成不成止如此。君馬自長鳴，臣馬嘶無聲。明河各回首，炯炯照平生。

坐茅亭遲高彙旃督學晚得汝寧信

君豈憐予衣上塵，偶然坐得一閒身。可攜酒榼迎官長，欲折梅花問主人。北去瀟湘須到海，南來車馬未通秦。參軍新獲汝寧信，只恐近時消息真。

古　　松

江夏湘陰八百里，古松夾道千萬株。共雪同霜等顔色，細觀意態各自殊。龍性正直無小技，蛟螭多怒相翦屠。亦有生當萬仞壑，墜石吁嗟賴爾扶。悲吟不識風雨心，衆濤並瀉安敢孤。我見白門好事者，所攜吴興松雪圖。不過此中體之一，已謂奇絶古今無。豈知天地隱靈姿，鬼神耳目亦易愚。欲就羣材苦相索，天寒勞汝太區區。

送戴畣存丞瓊州

一泓杯水一行煙，指點瓊州在席前。君去不難風萬里，人來應寄字經年。

元龍湖海堪高卧，士稚中原未著鞭。笑取吴鈎雙鏤約，相逢强半在燕然。

自滄港泥行

蚤發楊柳津，午陰不數里。奇險困舟車，馬肩相角抵。昔日神禹功，勞苦今在此。棄捐尋常徑，危柯伸紫藟。艱難氣亦平，漸與峯巒起。新火出林皋，旅徒顔色喜。桃花俯如飢，春愁寂無倚。美人來高山，日暮傾卷耳。遠道不相知，豈無石上趾。

泥山歌楚山一雨，泥深數尺，呼之泥山，有感而作歌。

止云蜀道不可攀，無人解説封函關。青天有路行終到，滄海欲桑渡實難。前日何日，激使蛟龍怒，至今萬物在泥蟠。塘坳陂池亦自可，陸沈正在最高山。我欲東歸惜羽翰，黄精不熟豈可餐，爲此崎嶇之往還。不忍飄零誰家子，爾爲黿鼉血未乾。下田宜蒸上宜溉，地力豈須皇天代。何不伐取青松作長橋，白石離離無腥穢，直驅牛馬通河内。無數英雄苦用心，一尺春雲成草昧。鄭家婢子背毛詩，問我張眸總不對。

步韻答林子野

芙蓉根幾尺，江水無盡深。人生百年中，勞苦感升沈。時務在俊傑，孤懷往自尋。無意一邂逅，清風吹我襟。素私誠云足，夢寐但至今。豈敢謂人面，不改如其心。經時始相見，長須佐苦吟。相見亦何道，良勝思瘖瘖。賤軀已負重，離愁不可任。所嗟天下士，伏處白雲陰。干戈滿四壤，君何愛一琴。應望星與斗，躊躇步空林。若能一相思，中夜起清音。

寄勉許若木

汝歸膝上有琴横，十丈芙蓉霜月平。縱有秋思因我發，慎毋狂醉使人驚。英雄不席三公籍，牛鬼虚耽一代名。只好安貧多慕古，髯公終不負初盟。

次韻和若木三首

飽我平生一部騷，瀟湘何物醉秋曹。雙憐鶴影青天瘦，各選蒼苔立九皋。

其　二

遂負腰肢折五紽，故山豈減洞庭過。十年應悟人間事，空撲春花上紫羅。

其　三

將軍新去脱宫袍，悔不當年學豹韜。似爾空山夢夢好，酒狂鍛鐵未爲勞。

送王果玉之金陵訪何地部

且攜劍去不須疑，龍在深淵鳳在岐。謂爾天生終有用，問余世法則安知。青山足見古人面，白眼毋題公子詩。三度月明歸可得，梅花人瘦倚霜籬。

史衲雲客潭州得其長公泮信賦賀

渺渺思公子，兩懷兩不知。春音到楚日，醉我逢君時。交道亦傳世，文章今在兹。還家荔酒漬，龍沫動秋池。

五日感懷步韻呈盧北公師

桂楫蘭舟桃葉肥，石梁餘地舞羅衣。肯教汨水龍争飯，未忍鍾山鶴入幃。李廣生還誰裂土，王嬙西嫁不稱妃。中原何處無鼙鼓，共向江頭買醉歸。

湘山楓竹一作“湘上感懷”。

曉雲不爲此山開，楓竹籬披静可裁。碧玉愁多難著酒，臙脂染誤不妝梅。山中尚有眠初起，歲莫僅容春薄來。欲翦東湖波一片，故園雪後印莓苔。

湘上行念林雨若歸

宿霧卷大山，浩然滄海色。中有無數峯，奔騰不可得。我欲登峨眉，披雲幾千尺。下指望林皋，煙點梅花白。踟躕念天寒，尚竦遠行策。昨日鷫鸘裘，已贈思歸客。

見雁懷人

蜀水初來雁影新，蘆花不肯厭秋貧。瀟湘此去無多路，未有沙鷗作主人。

雷雨歸雁

秋聲已老尚聞雷，獨雁横天放膽回。只道江湘書已湮，故人風雨夜登臺。

答尹尊子讀書禹碑山

蹴碎嶽麓雲，翦斷湘江水。楓丹染院深，秋老菊衣紫。竹露垂朱霞，霜華拂劍齒。聞君多苦心，中夜常數起。敲火作長吟，山鬼驚偷耳。書持寄素心，虹伸吴縑裏。蚤晚欲行尋，山顛讀奇字。

蘇郎歸

蘇郎歸，小妹解劍，大姊牽衣。一雙瞳人分顧盼，異鄉水土不能使郎肥。自郎之出掩容輝，蓮荷同藕復相依。細推物理毋相詬，亦有經年不到闈。近來好事許若木，曾否君前説是非。西家鶺鴒大無威，終日斂翮不他飛。但聞户外聲聒聒，不敢牆頭摘紫薇。美酒尚存親戚稀，松粉金團餌郎飢，輕寒薄倩桃花圍。今宵且莫煩郎語，月明爲我話湘妃。

率成寄諸葛士年叔二首時叔有莊生之嘆。

兩家相別後，但願各平安。已畏君常瘦，不圖花又寒。私恩孤豈易，大善繼終難。淚莫隨秋盡，遲遲借影看。

其二

時事今如此，非叔安敢言。干戈尋衆起，名節抗孤存。羞歷歲終俸，傳餐日一門。平生無善策，長嘆草茅尊。

山賊戒嚴擐甲宿西郊安民二首

依依江柳暗春城，鵞鷺池頭鼓角聲。莫取巍冠照馬頰，封侯自古少書生。

其　二

鐘聲薄暮隔江來，付爾愁心一片回。若道前山宜伏田，李邕碑下踏莓苔。

湖　南　行

江北豺狼滅無期，湖南父老不勝悲。得免干戈亦幸甚，盡輸賦税安敢辭。欲畢一言官長怒，近來不比十年時。秋田喜熟憂穗短，米價暫低高復隨。水少魚腥山貴木，此事往往令人疑。貧人辛苦在南畝，徭役追呼亂所爲。富人愛金不愛田，買田雖賤費不貲。大差十歲如轉眼，死生兩别不相知。富家有田旋復棄，減直吞聲淚背垂。只今如此勢漸極，荒草誰耘飽王師。市人不幸養官馬，生涯飄蕩門亦卑。本是男兒口中食，屈身事馬患馬飢。手拱金錢心嘆息，遇人艱難吏勿笞。前日一程賣一女，今日一程當鬻誰。脱棄親知辭鄉縣，行行中復有所思。夜半歸來見妻子，啼哭毋喧將遠離。官差尚在西家宿，歲暮天寒汝何之。但願先驅羣鼠雀，蚤供惟正安鋤犁。

尹尊子讀書衡嶽特爲我來詩以答之

嶽雲未隔幾重山，君渡湘江費往還。識面何須心便苦，多情自悔夢難删。千家雨後花猶溼，一片霜中石已頑。爲我躊躇峯頂望，薜蘿有路總應攀。

病中懷諸葛士年士倫二執叔

病體罪思憶，相酬未肯疎。一春翻舊夢，八月斷來書。時事天何甚，君才我不如。直須龍鳳出，水鏡欲潛居。

馬踏夜城望南皋燈火疑爲馮子棖公郭子幼隗讀書處

好月霜難下，高城獨馬看。遥憐山影外，人在剔燈寒。

懷三山林子野林孔碩二同年

未能忘爾此區區，初下微霜夢到無。自以舟輕藏我懶，不妨雲倦請山扶。

人家種稻在空壁，吾意學仙非别圖。數得相思題葉寄，丹楓應已落三吴。

懷陶仲調

别後不愁秋不清，瀟湘分去月中庭。十年曾諳相思面，今夜誰知獨語情。雁字可曾加翦刻，花枝太苦未縱横。慰君畢竟持何事，書老寒燈漏報盈。

五歌壽周石拙同寅作

長沙春酒熟，上客待君邀。自來自醉，别有武夷山上樵。毋食我蛙使我瘦，毋食我熊使我驕。芝草有花，黄精有苗。汲取瀟湘之渌水，不用箕山許由瓢，一曲松風響玉簫。

其二

我亦有酒奉君杯，一酌再酌君徘徊。黄公壚畔隱天才，吹簫人去今日回。嘈嘈四壁聲如雷，留我中庭數尺苔。雲屏小鶴向君開，迎得風來雨亦來。

其三

君之亭兮緑槐下，一幅春聲不愛夏。十里青山隔杖頭，水雲入户收平野。長生爾我各自知，句漏丹砂亦易假。君不見，眼中司理溼青衫，半日齋中十日馬。

其四

滇池不可到，使我來長沙。憲初授大理司李。周公，滇南人。畢竟見君亦有時，换我溪頭芙蓉花。人生出處殊不易，一寸區區十年事。今日君親已報恩，請放胸中無限地，五月江寒菖蒲翠。

其五

勸君巵，愛君不復爲君詞。歌君曲，魚子蘭花香酒緑。黄石山人橋水東，皓眉亦作烈士功，蟄龍羞老草木中。忽然爲君動顔色，明星萬里一雙瞳。

壽高督學太母六十

憲也手持海上珊瑚枝，以壽明公太母之六十。公言此非老母心，沅芷湘蘭皆不挹，我聞此語逡巡立。何以壽母拂長箋，自識明公知母賢。海内操觚才十萬，争投錦字沸尊前。何以壽母將進酒，歲歲花多勝楊柳。長安祇羡黑頭公，誰似雙親未白首。又何以壽再一觴，人生親健遊不妨。况是衡文報聖主，過家恰好日方長。光禄太翁周甲子，向隔吾家五千里。請更爲翁進一觴，所欲壽翁亦如此，同醉同歌同福履。

飲同寅石拙偶題其壁

萬字欄杆一字無，如君對我捋長鬚。中原别有關心夢，消得瀟湘酒半壺。

鄂城寓中劉杜三函寄酒巵一詩奉答

杜三去我遠，安得有書來。我宿春山下，詩函向月開。長鯨猶布雪，小鳳未梳裴。此日應難醉，何勞寄酒杯。

桃花約不及期他去矣

小桃果果未曾開，我去通州君未來。縱得相逢非舊約，平生錯把别時杯。

通州不果行而老母已歸書愁四首

遊子仍在楚，老母已歸閩。尚問通津路，曾行南北人。夢中非定處，别後見何因。僅有三童僕，持書去苦辛。

其　二

北堂歸可到，姑姊暫成歡。數得全家在，方憐一子單。若能堪此别，初意願爲官。分汲長江水，春風各自寒。

其　三

向因官舍窄，買竹架房櫳。未暖一朝席，虚糜兩月工。老姑將婦去，春信寄人逢。獨卧南牀燭，他幃動晚風。

其　四

清湘作美酒，米貴力難齊。吴雪三罈菜，蜀梅幾甕醯。臨行與老吏，歸去飽其妻。此物吾何惜,慈親手自題。

退食感懷

旅亭錯認是吾家,躑躅無聲照碧紗。種菜已抽三尺筍,培桃争落一庭花。此閒老母應頻夢,獨自傷心在散衙。記得春前爲别語,歸來慎勿久長沙。

春夜率成送盧卓如煙翁歸里

春燈照别酒,未敢語中懷。客路行終到,吾生未有涯。音書來翼軫,荆棘在江淮。白首君自愛,何時醉小齋。

獨居

十日不出郭,浪花忽已清。江空集萬象,相與感平生。我來仕長沙,薄宦學將成。官衙食芝草,不能毛骨輕。既貧無清夢,豈非猶近名。應勿多追悔,且聽江水聲。

憶前宵

問爾情癡酒一斟,長宵何事苦沈吟。忍言衣帶佳人遠,已隔瀟湘秋水深。南浦芙蓉愁獨影,西陵風雨妬同心。闌干倚盡相思曲,歸去月明遂至今。

張君章文以十月抵潭州相見亦無幾開春即言還時事正亟别愁增之因賦七首

君來已歲月,我憶是初冬。近事皆如夢,夜寒待曉鐘。

其二

長沙已如此,山水受君知。白雪春方下,不應爲别時。

其三

君去二月到,我園徧桃花。莫大思家急,歸途酒旆斜。

其　四

我已來二霜，敝我芙蓉裳。故人誰相念，久客厭江湘。

其　五

尚有遊人在，數月云蚤歸。此間寒無絮，歸去脱春衣。

其　六

二百年此地，未嘗見甲兵。吾猶書生在，緩帶宿江城。

其　七

誰爲歌君别，此别爲君歌。已渡西江水，君懷似我多。

堵牧遊太翁嘗以湘水清長言祖我去通州後不果行歸長沙牧遊以他事去荆鄂矣亦賦湘水清懷之

湘水清，紫藤花老鯉魚生。使君歸來飲此水，蛟龍汝引兒孫行。君歸奈何遲，夢君不似别君時。一宵魂氣猶如此，百年變態安可知。送我通州君嘆息，通州欲去去不得。前日君行誰送君，使我江頭望顔色。丈夫飄然七尺身，今作蛾眉誤嫁人。鏡中歌泣鏡中笑，砍斷青銅千餘春。湘水清，清可掬。脱君白霓衣，自挂湘妃竹。岳陽樓下好東風，縱不相思歸亦速。同爲湘水吏，不知湘水深。人生各努力，願君放我歸長林。

四月一日詩

壬午之年四月一，我之先君初度日。人間痛飲花甲週，泉下一杯未可必。嗟哉人生曾幾時，無情歡笑無情悲。六十年中半未識，雨雨風風帶别離。離人猶望風雨秋，此别何須再登樓。若忘曩日將歸路，豈復生前問短修。三生之説無是理，前身後身父子耳。一子春袍草始青，一子瀟瀟渡湘水。但觀往事未甚然，今日何日來何年。仙山誰劈麒麟脯，且食兒孫瓜果筵。臣實有罪病臣身，爲吏四體屬旁人。兩袖未乾東向淚，朔日又當拜明神。定知如此非親意，五鼎恭承天子賜。夢中似云想藜羹，蚤晚歸來自荷簣。

四月二日歌

今日滿堂賓客爲親壽，獨有天涯遊子坐清晝。滿堂共抱千里心，不見天涯遊子凄凄瘦。遥憐小院緑花深，前歲花開今歲又。大婦數客備酒尊，中婦手燃鑪煙縐。三婦雁行思遠人，帖帖春衣隨嫂後。其間拜跪不能齊，學禮諸孫皆尚幼。歡呼不聽老人言，老人自謝蒼天佑。耳後明珠六十春，時與鄰家時復購。唯有太平去不還，萬曆風景難依舊。白雲在天出山岑，無數歌聲低舞袖。舞袖空勞碧玉衣，天涯遊子未得歸。遊子未歸且進酒，歌一聲，滿堂賓客盡回首。

壽同年李母六十

李母太參之季女，二十餘時寡李家。生以其姑老以子，春風三十度落花。而今六十子貴矣，疏請旌之帝曰嘉。可見節義皆如此，人間茹苦莫咨嘆。

謝飛雯内兄來長沙四十日將歸不能言别以詩爲言詩率成其言真也

吾已厭斯地，不堪遲汝歸。常生别後夢，猶著來時衣。遊子未同里，慈親各在闈。我家必問訊，何事寄書稀。

書扇頭送元昆兄歸舍别不歎遠冀相見勿遲

去年九月八日，相見正在長沙。今年七月方半，兩人一人歸家。飄零尚乃如此，何時同植桑麻。堂有白髮老母，鄰有縠麥可賒。歲月與我共此，辛苦何似天涯。入門且自歡笑，賓朋無酒亦譁。問我近年何狀，春山徑寸粗茶。

正夢在鄉園與吴弢熙諸子遊而家信至起梳洗誦李太白杜少陵詩至晚不覺感歎乃起舞作歌自惟音節不在漢魏以下

吴縑製短衣，霜雪不如素。百萬在青樓，饑寒不如故。明滅劍靶刻舊恩，悲風又撼荆卿墓。

題扇頭蘭寄盧藝伯

熟徧荔枝樹底紅,小樓斜透碧梧風。無端午夢思公子,寫盡春蘭寄驛筒。

黄鶴樓夜飲惜别

緑蘋鸚鵡認何洲,有酒便澆黄鶴樓。縱説相逢無舊約,可能别去不生愁。似遲明月來深夜,已老江濤動晚秋。欲進一杯君徑醉,隔檣自望水西頭。

和張秘書

小臣未敢策治安,一春化盡楚江蘭。何須古壁重增壘,可信今人易罷官。名士止應談魏晉,君王久已厭申韓。仲仙樓下遺雙戟,招得詩魂淚亦殫。

武昌九日懷人

楚江又過一重陽,不在長沙在武昌。學醉休評惠酒好,懷人如待菊花黄。三秋客意皆憐水,一片山容不受霜。只就近城何處望,親知誰到北山堂。

寄元燕弟

元燕近何似,作書憶汝書。畫沙豈有態,拆壁亦嫌疎。我在武昌久,心懷濠上居。安能静夜夢,相見果歸余。

鄂渚望月

故鄉無此月,或可免相思。初别心猶彊,近愁夢不知。天寒低白首,夜静斂蛾眉。恐依前冬想,梅開我到時。

昨夜月

自合客身伴月行,急眠止是爲愁生。不知樓外梅花樹,獨與徘徊到幾更。

送堵牧遊太翁入覲歌

十月迎君南，十月送君北。一歲雙酒巵，隨君變顏色。誰能入長安，便無古人憶。下有洞庭上湘江，爲我留君不可得。

又　歌

已出湖中，風西水東。大江水與黄河通，黄河水溢蛟移宫。近日穆陵關上路，行人徘徊開角弓，長安馬瘦步不工。君在南，君在北，夢相思，見顏色。他鄉飯，君强食，歌再歌，中嘆息。

龍岡書樓口占

水流花多落，春歸燕獨來。牆西人不見，煙雨上高臺。

移居河上故人多贈以詩念二日羣集小齋蘇薦卿許以夜宿步詠諸故人兼語薦卿如約

雄劍匣移斗酒開，青天望爾白虹來。元龍若訪並頭卧，地上何須百尺臺。

如韻和林孔碩

相識豈非面，何言異淺深。人各好所歡，我思嘗獨沈。固知君去我，高岡千餘尋。懷想成親舊，如在帶與襟。悠悠何年代，中誰劃古今。蘭皋萎宿莽，芳草愁人心。日夕鼓山中，虎豹悲且吟。所欲與之語，片石不得瘖。今時惡知士，可者重其任。君豈能樂此，未雨戒秋陰。冷腹可澆茶，雖貧不賣琴。何以慰所思，一幅墨雲林。英雄須静理，餉以山水音。

口占惜别併祝薦卿若木

别意留戀清酒催，廣陵春去幾時回。月明千里相思路，先入秋風平遠臺。

留　　别

芙蓉寶劍杏葉韉，楊柳煙多草似錢。若到剡溪春水緑，思君一夜别經年。

莊江贈胡叔中

仙郎何事謫人間，天上寂寥故買山。海氣侵書秋色冷，夜來花筆夢難闌。

光澤守歲席上分鴨字

壯士長歌露袜帢，百年王氣春爲甲。夜深盃爛爆聲傳，歲度驚飛沙上鴨。

又一首

舟泊澤畔心緒惱，席上猶剥八月棗。春風忽報新消息，卻將人間舊塵埽。

清湖邊上

雲倦壓山山嘗瘠，春波直下幾千尺。西望平橋宿誰家，滿地花深無行迹。

許若昂張清奏皆余所先得友時俱在廣陵守幕中不可相面感至愁生時讀離騷以忘愁雨中來不絶乃狂吟拍案起二首

離騷讀罷又離騷，芳草無情下女蘿。見説二姚新事主，瓊枝自佩過江皋。

其　二

吴江楚江幾千里，中有幾人似吾子。紫霞長佩雜楚花，古龍夜跳燕磯水。揚州女兒索短歌，霜老春寒捧絳紙。長虹滿引呼青天，劉伶于今有酒否。緑楊無奈下江干，長條繫棹短繫鞍。但念吾面碟子大，他年不用仔細看。

許若昂在家時曾夢與余相遇于一官署及余偶有維揚之行若昂爲維揚守賓客若昂之夢遂驗也感成一律兼呈太守吴先生

不見容輝想靡他，人生有夢易經過。君從雪後遊津剡，我自春前翦薜蘿。

揚水清如太守否，東山奈此蒼生何。家中安樂無相念，只説夜吟苦子多。

序張母苦節行

張母劉，二十六而寡，貧能事姑，撫一子。中堂無其足跡，室未嘗廣且深。望子長，依子老，淚在故人之棺合塵以寸。余聞而悲之。其子某有俠性，能與豪貴人遊。客於揚州，見余，述前狀，且曰："天下幽苦節義皆願得朝廷旌賞，某微無力，唯求明公一言耳。母年已七十，正當壽之日。"吾意爲彼婦勸，乃與某酒，如獎其母。爲之歌曰：

長箴何處來，臨觴故默默。汝本不能憂，胡爲動顏色。有思或有求，但言勿歎息。今日老母壽，虛堂必悽惻。只有兒一身，遠行儉黍稷。老人熟憂愁，容易生舊憶。若論舊事悲，道之摧胸臆。父方三十夭，吾少無所識。稍長母爲言，發聲輒氣塞。去者不可呼，三歲兒匍匐。知汝能成無，不耕復廢織。便欲捨汝去，他家就衣食。皤皤祖母饑，安忍蹔離側。以兹勉治家，艱難一身力。何時汝殊人，消我百年蠹。吁嗟此言何其哀，滿座聞之起徘徊。人生多半爲情苦，黃鵠一去幾時來。但得生存尚無恙，請君遥上酒一杯。

行自芍園歸所思頓發念向與王果玉采花梅莊下興致頗異因寄與之

憂來若無事，悠悠便出門。不覺人里遠，已復至一村。深竹隱諸花，其中自成園。老圃正鋤倦，揖我進東軒。雜坐理素琴，良久酒一尊。慰勞童僕休，相對起孤言。唯餘芍藥侍，微風用相存。苟能向我笑，豈有知己恩。采采爾勿爲，持此長恨端。所思不可見，吴月滿平原。

答余朗生餽魚鱠

忽然夢卿去，酒香破醒來。應知鱸鱠上，猶自少兩顋。

柬蕭栩仲

蘇酒一樽在，蘼花兩朵紅。若能便過我，鶴立望青風。

别朱王孫

一榻楊花下，吾歸焚舊詩。王孫才若爾，貧士愧何爲。念四橋邊月，十千酒後棋。夢中若有路，即此是相思。

倚緑玉而思乃雕新篁爲之留别

我之來矣，煙幙緑枝。曰歸曰歸，能不爾思。

荷亭留别廣陵諸子

久已夢歸遲此身，江干日暮送行人。慇懃池上蓮花發，萬里相思隔一春。

歸棹松江縱覽天半搔首此身作遊客也鄭沖素索詩走筆贈之

我行在舟中，寂寂思我友。涼風與卿來，正可接盃酒。所讀古人詩，相知太長厚。我已不如卿，勿云非俗偶。但醉視白雲，此别薄一斗。

次嘉興鄭沖素將别請作一詞呼筆墨立與之

雨冥冥兮六月寒，北遊南歸兮行路難。緑依依未去柳，芳杳杳而藏蘭。送子嘉興引，離思之新翰。我朝行兮雲之端，子夜宿兮河之干。釣溪有月，越酒無歡，子早歸兮勿盤桓。樓上秋風起，閨人掩鏡看。掛荔枝于團扇，以俟子歸時之警餐。

南歸懷胡叔中許若木

便作思歸客，如何六月歸。但知相念久，不忍尚睽違。此去青山盡，正當明月輝。囊中有越贈，爲子換秋衣。

自文圃歸輪山和王果玉

水滿芋田風正凉，秋深歸去又他鄉。無情油壁車中夢，欲認前山半夕陽。

飲史衲雲梅園

四圍香雪壓闌干，自放高枝不畏寒。日暮霜濃歸去也，亭前又作幾回看。

樹雲

植元

章德

德彰

宗裔應魁仝捐刊

鍾音

德佳

友蘭

克庸

【校記】

①“君馬玄”：原文作“君馬元”。刻本避康熙“玄燁”諱將“玄”改“元”，今改回。下文“君馬玄”同。

蔡忠烈公遺集卷五　悔後集

詩　　下

楓亭賦別

柳帶尚沾酒，朝來已拂衣。方知愁遠別，未若送將歸。歸客家人勞，遠行相識稀。平安此百里，傳語報秋闈。

辭林子野邀飲

欲寄相思紙萬餘，相逢只問貧何如。不知此夜一尊酒，能減秋齋十日書。

與胡叔中

撚斷長鬚十指間，書生無事誤青山。就將雙劍懸空壁，不遣將軍夜渡關。

與吴元圭

一夜松間月，悠然古意開。論心初煮酒，握手共登臺。自是寸心事，不關千古才。我公何落落，鮑子于今來。

與許若木

爲别苦，思子難。保惜子身在饑寒。

失　　題

笑語西風人不聞，無情相見無情分。依稀想得難圖畫，羅帶飄飄引白雲。

贈餘杭主人王仙御

離家千里外，頗愛同鄉人。入越無相識，逢君覺自親。酒多能作主，年少喜多賓。笑語皆仙景，衣冠不俗塵。市中家得潔，暑至座生春。最喜湖山近，攜樽不厭頻。

逢吴女

吴女欲相識，何爲掩柴扉。相思人去後，日落杏花飛。

夜月酒歌遠客熟妓也友人遺整腰紅錦至爲作紅紵續白歌以試新聲兼謝二首

銀河水，蘋波聲，白紵歌斷紅紵生。暮雲羞向青天行，秋城夜漏報一更。羅衣楚舞煩相看，借束纖腰念君寒，何處花風久未闌。

其　二

千里來賓無乃勞，膝上鳴琴雙鯉翱，排軒竊聽豈賢豪。出門無意明月高，清絃更起聲嘈嘈。移罇攜俎催芳醪，各言私心醉已陶。芙蓉秋染春蠶羅，吴霜刀尺素絲紽。一曲霓裳又新歌，含商嚼徵愁雙蛾，思君厚德慚人何。緑草嵩山江海波，相期長年樂意多。

鮑明遠《白紵歌》，遠勝古今人。唐宋歌體儘多，大約幽深秀出之意，輒相長，寬柔敦厚之意喪矣。余此歌不敢云效攀古人，蓋幽深秀出者，非其所能。頗思以麄鄙藏拙，故不飾乃爾。亦不復嘵嘵語所知者。

題小素美人扇頭

我去長安雪在梅，美人爲竚别時盃。洞門若見桃花發，即是劉郎天上回。

長安夢中得詩

清齋無事獨逍遥，只掛神仙碧玉簫。我欲取爲天際曲，寒梅一響動江臯。

長安元旦

春聲不待藉春風，子夜雲閒有六龍。誰獻太平新奏劄，君王端在未央宮。

答李金吾步韻

江濱無數畝，去我青琅玕。終是狂生氣，未知行路難。十年孤劍在，一日幾磨看。蛟鱷爾猶逋，狐狸何足觀。天心思解甲，儒將各峩冠。安得一溪水，洗清萬古肝。無令滄海士，抗志白雲端。廷尉殊輕勢，將軍不結懽。惜哉仙遂謫，去矣月應寒。山鬼衣裁薜，騷雲葉没湍。總依芳草夢，時寄梅花翰。君若存孤憤，勿爲公子韓。

衢州舟中晚懷歸路

纔落孤霞漁火生，淡煙細草一舟横。鄉思莫恨暮雲隔，怕見青山舊時行。

失題二首

不識千秋事，但懷此君身。平生劍可仗，永夜語長新。情到癡於酒，夢深逼似鄰。報恩良不易，慎勿喜相親。

其　二

迢迢槐江嶔，是爲元圃丘。西南望昆墟，光氣難與儔。亭亭瑯玕照，洛洛清瑶流。恨不及周穆，託我一來遊。

齋中即事二首

讀史且將罷，可知誰似吾。高樓猶自閉，客至隔牆呼。

其　二

著想偶然想，多愁何事愁。讀書未半卷，落葉滿西樓。

失　題

秋風石上老青苔，絶壁方知越險才。江海至今萬里勢，薜蘿自古幾人開。

蒼山遠立認相識,白鶴近飛呼易回。公子新栽桃李樹,殷勤留我更銜盃。

失題二首

明月中天雲霧消,酒醒涼思正飄飄。星河不動秋空闊,山漏無聲夜寂寥。露下遠山皆落木,風來滄海欲生潮。神仙勝事無緣到,虛負璚樓聆玉簫。

其二

誰向都門學種瓜,炎年長是惜年華。西堂蟋蟀還依草,南浦芙蓉已著花。蓬鬢故應栽白幘,塵容何處覓丹砂。秦淮東望秋波净,醉後思乘上漢槎。

壽林我靖伯六十六初度

欲向東山采五芝,城頭黄菊半開時。重來駿馬三秋路,問爾臞仙千歲期。户外諸山皆紫色,眼中有酒即清禧。年年潦倒滄江畔,學得長生自不知。

贈墨卿

明月三更酒半醺,佳人手上自生雲。便呼田奴吾豈妄,輸與阿卿不用文。

春日輪山道上

買春車,南春北春桃李花。且自沽酒餘雄劍,莫便説生涯。青山路,促琵琶,鞦韆紅粉問誰家。學繡平原不相識,隔花偷視玉釵斜。

己卯寒曉入山訪諸葛三叔

寢寐懷深谷,未明策素羞。夜長且霜雪,問子將焉求。我意復之野,如從賢者遊。况彼素心人,獨往陟崇丘。日入獨山孤,念其難久留。何以慰天寒,昔時所贈裘。

歸飲諸葛叔齋頭

夫我來應晚,能留一日春。五更分夢語,兩袖拂詩塵。楚客終思漢,徐生自憶陳。寥寥滄海上，能有隆中人。“夫我”，疑作“今我”。

庚辰中秋讌繡香園

花滿瓊枝樹，雲舒玉鏡臺。秋風亦選塔，夜飲不辭盃。虹劍看龍起，雪衣炤鶴開。夢中若到此，猶避庾公才。

北上謁選留别諸葛士年叔

只是中秋宴，莫言送我行。凉風吹滿耳，遊子畏别聲。各盡一杯酒，共爲萬里情。懸知連日雨，月色今宵明。

建溪舟上與果玉言諸公霜月下必能相念因共步子野韻寄歸示意

丹楓别意亂縱横，强欲望君雲已平。忽見容輝疑汝至，雖知夢寐亦心驚。坐臨遠水勞相炤，應接寒山不問名。可惜東西南北去，籬頭誰主菊花盟。

越浦第一日與果玉同賦

孤煙生草外，斜日縱山寒。紅葉憐相語，青帘錯半看。農家歸作市，旅宿沸於官。此地秋田熟，郫醪醉所歡。

題旅舍盆花

屋中瑶草屋前松，總使主人作客供。我有新開花木圃，山楓無樹不芙蓉。

山路隨溪倏然萬狀層波淺雪閒葉深花雖有同心尚多殊遠入山第二日賦

千山紅葉半溪雲，可惜無人寄與君。肯得吴綃三百疋，此中坐卧李將軍。

轉入山幽處

此亦秦人一洞天，桃源誤認作神仙。從今夜夢諸山上，不買右丞舊輞川。

四度仙霞嶺皆雨

我來山便雨，巫峽近瀟湘。自有天上路，竹雲密不妨。

蘭谿壽王果玉

蘭江之水緑如山，併作春花爲君顔。我欲一言君且醉，俯仰三十天地間，胡念爾身不蹔閑。滄海波立魚龍起，金陵此去尚千里。勸君須盡盃中酒，菊徑嵩山亦如此，紅粉添香徒念爾。

庚辰五月湖遊六首 “五月”當作“九月”，詩中語可按。

湖上風多蘆荻秋，同心未厭採菱遊。山疑好色立忘倦，水愛妍妝静不流。紅臉穿波新著酒，娥眉向浦别生愁。早知偏惹芙蓉妬，莫遣雙鬟共小舟。

其　二

湖平煙滿淡清暉，泛泛秋山冷艷肥。儂自結雲憐趙燕，君言解佩同江妃。朱唇一背新騎染，白月横舟晚棹歸。蘆荻花深誰欵語，釵痕暈水欲濺衣。

其　三

朝發桃源風露凉，還過金埒未斜陽。羣公立馬遥相候，妓子遮鞭滿捧觴。秋色總來明月照，人衣併作碧荷香。前洲幾處吹漁火，誰解花蹊去路長。

其　四

不厭秋水與秋雲，湖上時時薄汎君。驕馬雙馳驚墜粉，危舟一掉濺湘裙。私隨庾月心嘗惜，羞倒嵇山酒太醺。何處石門長有路，艷歌放在遠相聞。

其　五

題罷湖亭墨未晞，山陽今復醉漁磯。破愁計只遊忘倦，卻病方惟飲可肥。笛裏邯鄲聞别調，月中巫峽望相依。此時易感平生事，一笑波心願莫違。

其　六

鏡湖昨日添水足，夜夜秋月光可步。歌舞疊騎放棹來，荒亭日晚風吹樹。

爲愛荷深語不知,紅裙深濺何須數。雙憐含意送君還,酒向牀頭癡作吐。

自維江至西湖與同行者三四别今到塘西而果玉又欲去我因吟林子野詩有一天好月人方去滿地秋聲感可知之句殊難爲情矣書一絶于扇頭俾攜去長吟可也

望京樓上不須登,悔不辭君多一層。離别動生今古恨,王都舊日去金陵。

有之淮上訪吴皜菴者詩寄之率成武林山下

卿去淮陰各買船,私心爲致使君前。風煙相望四千里,冰玉一清十五年。須待明君别有夢,可憐萬井秋無田。大名倘在文章外,河水東來寄一篇。

青浦寄家中諸友

去去馬蹄西復東,十千美酒負諸公。相思倘在明月夜,自翦花枝擲小紅。

念同社諸君獨余與雨若北風驅馬艱苦萬狀

院北城東試馬回,月明無事想登臺。酒堪徑倩春風取,梅總相思夜自開。多半人花許未穩,别留歌管夢來催。荆榛道路唯雙劍,何處天寒竹葉杯。

梅花相逢行

道傍梅花開,馬上梅花笑。相逢無一言,默默憐同調。孤韻在深山,暗香隨年少。年少有詩題,深山唯月照。去去且相隨,何須闞窈窕。

聞從者歎

征夫始逾月,肅肅有歎聲。吾欲相慰勞,亦已感平生。萬事同轉燭,隔窗不自明。驅車辭隴畝,乃復念躬耕。似爾皆寒夜,未必共五更。

辛巳北上補銓汶上謁閔子廟

立馬城頭快著鞭,斜坊猶自掛先賢。蘆花十里飛寒雪,汶水千家没曉煙。

何事思親偏此地，堪嗟遊子已經年。中庭拜罷徘徊久，慚愧先生未敢言。

都門留别諸同年

辭君萬里去，豫作十宵愁。明月何曾隔，春江各自流。相思在落雁，無計只登樓。欲告封侯策，洞庭下扁舟。

東齊馬上口占

二月春沙撲紫裘，東風太晚入齊州。年年芳草從他緑，不是思歸不解愁。

驢背自吟

跨驢短劍出風塵，不信青衫是此身。莫怪人間相識少，唯餘歸夢不羞貧。

明日過星沙夜飲别諸葛叔和韻

星漢已懸馬，猶言未忍君。淺深看夜鏡，遠近照秋雲。短夢身何事，孤舟影亦羣。何當落月後，山雁帶書聞。

惜别更留呈諸葛叔

問我何年續此歡，黯然但得解征鞍。身爲隱吏平生苦，情入丈夫離别難。水鏡罷琴兼憶鳳，蘇門送客自成鸞。爲君且作連宵醉，誰薦湘江夜月盤。

别詩步諸葛叔韻

渺渺秋雲能復爲，别離何事苦重之。遊君度内終思面，置我人間只放髭。似不自繇拚醉好，雖然豈敢夢歸遲。一官且向洞庭上，千樹□翁花作姨。

别元哲元謨阿昆季之長沙

去馬常嘶總不肥，葛蒲緑酒照人衣。年年只向花前别，草草無言日下幃。

好夢一天孤李白，明珠爲爾寄湘妃。少年何事空追悔，存此風流待我歸。

楓亭和元燕韻

莫遣娥眉向晚攢，離愁又起又無端。但分醉臉花何恨，似有歌聲扇乍團。白雪風流三楚怯，青楓雷雨四更寒。憑君穩取瀟湘夢，共翦燈明放膽看。

無意山麓閒得佳麗

偶然貪看竹雲斜，誤入麻姑採藥家。問我何因迷到此，此閒不肯種桃花。

再和薦卿韻

山中女子名非煙，一縷春衣小玉鈿。笑向君前君未識，許多癡慧不成仙。

建舟新月懷諸知友

思君薄慰影來初，同隔離宵二十餘。明鏡依稀且莫展，暮雲歷亂不堪梳。浪沙一曲蘇公調，花樹幾牀揚子書。天上可憐月常瘦，人閒相意近何如。

溪山瀑布泉

遠觀瀑布是耶非，織用山雲石作機。須倩麻姑長指甲，秋來翦與蔡經衣。

失　題摘用秦淮海《踏莎行》詞後闋語。

可堪孤館閉春寒，杜鵑聲裏簾櫳暮。郴江幸自遶柳山，爲誰流下瀟湘去。

踏沙歌

踏踏沙，空江怪雪易成花。雁字已無右軍帖，獨翦秋雲隨意斜。明星山角大如瓜，來時路出明星下。爾也莫思家，我也莫思家。洞庭西去五千里，西更有客問三巴。猿臂將軍多醉膽，溪頭猛虎不張牙。

沙上蘼蕪花

蘼蕪花發特爲秋,似欲繁華溪水頭。珍重王孫椎髻好,西風千里望妝樓。

七夕署中仝吴弢熙飲感懷

兩情定後亦應删,何勞相思太往還。天上風波猶可渡,别離無計是人間。

秋月同薦卿弢熙若木步城頭觀江湧

子愛湘江,如我愛子。閉我東軒,隔湘千里。我步子同,凉生衣履。明月在城,秋風在水。相識麓山,自今夜始。泱泱滄江,林巒齒齒。遠接荆□,羣峯尚爾。南□五尺,銛於胡矢。向日迴風,空雲爲砥。劃然江動,松聲四起。

未至囦水十里許一澗自兩山間流出幽不可極又不可徑薦卿笑謂余曰吾他年結茅茨其間子來令椎髻婦爲子作麥飯也因樂甚作歌余起舞之

一水妝成懶婦峯,置君於此思無窮。白雲去住無消息,細認胭脂膩水紅。

清夜即事聯句

更深多夜語弢熙,緑幔透燈紅薦卿。即是月華滿江門,猶疑客夢中薦卿。嬌癡俱有意弢熙,信宿薄言同薦卿。贈子以相信,時時聽曉鐘。

壬午春有督漕之行寄飛是舅

親朋若問我平安,爲報人間道路難。新督旗船三萬艘,黄河直上九天寒。

寄元聲元鼎阿昆季

官齋小梅樹,只有三朵花。愁心對此物,安得不思家。去君已云遠,今復離長沙。通州一萬里,無雁有啼鴉。誰能向膝上,念我促琵琶。

寄元漢兄阿昆季

已知無益復思家，酒向洞庭何處賒。别有人間天上樂，四圍香雪浸梅花。

史親翁顧之十日即言别賦此鳴感

故人匹馬重京師，不及長沙酒熟時。古域何曾分晉楚，空山猶自鬭龍螭。三年不拜龐公榻，兩□終慚鮑子知。强欲留君醉後去，隔江秋水便迷離。

唐孃子輓詩二首

唐孃子歸余執叔諸葛士年，孝舅姑，睦妯娌，而蚤殁，士年叔爲詩哭之。里先有烈婦某，爲余母言，曾夢海山宫闕有扃鑰封職者，或指云：此諸葛門唐孃子故居也。於某年某月某日當還。今果不爽云。爲輓詩。

翦落幽花露暗啼，夕陽流水各東西。一雙才鬼書難寄，三十神仙榜誤題。不信秋雲迷海路，便催夜月葬香泥。瑶姬若問娥眉蹙，自嫁張郎畫未齊。

其　二

怪道王孫未解愁，相思自古無吴鈎。緑燈有夢頻開鏡，黄菊誰家獨掩樓。好友離悲方歎暮，美人質性本兼秋。應憐别後思深重，尚有高堂雪滿頭。

失題二首

海岳三峯古，春皇二月寒。緑潭漁子釣，紅梅美人攀。弱蔓踰沙渚，飛花點石關。豁山遊未厭，琴酌弄清灣。

其　二

東家蝴蝶□花飛，□得西家花不歸。共處春寒□作夢，白雲何處不催衣。

寄東汝兄

愁心織句夢先成，恐是吴江水上生。速買長梢攜酒去，揚州何處避深更。

送飛雯歸里雨若拈五字爲絆率爲之

送君歸去東南隅，我亦夢中身作殳。冷署孤卿未有□，碧山春雪可勝□。何時人去春應罷，今日王前勢懶趨。開遍薔薇□已到，□□□照舊規模。

關山去郡南五十里爲迎官長則宿焉人家小樓稍潔可憩嫌其窗户不寬咏懷亦塞再至呼筆不能無情

經宿樓中索句題，生憎屋角與簷齊。今來復作樓西咏，憐是秋山户外低。

失　題

落盡桐花雨未收，爲君猶自下南樓。人同北海尊難滿，咏到西山天欲秋。畎畝猶能相對喜，廟堂何處共分憂。我公獨自厚毛羽，待與風高作遠遊。

爲蕭雪文秀才作

花光瀲灧柳輕明，酌酒花前送我行。我亦且如當日醉，莫教絃管作離聲。

爲江者世兄作

鶴書猶未至，那出白雲來。舊路經年别，寒潮每日回。冢東歸海燕，人老發江梅。最意門前柳，閑居手自栽。

寄林雨若

花落花開等閒，雲來雲去閉關。小臺爲添幾尺，歸到好望諸山。

寄君章文

雒陽相别後，歸去讀何書。窗外有脩竹，月明應念余。

壬午感近事答人

白首將軍誰姓嚴，飄零帝子下帷幨。江頭楊柳春風在，沙上旌旗明月兼。

自向山前藏地險，何時北斗望天南。寶刀夜夜匣中嘯，驚破鄰人夢作占。

平生離别不能下淚冬夜爲黄守臺召飲反向街頭念雨若將歸不覺涕零從者滿道以袖自乾耳至署口占一首

送君無語淚沾衣，强自叮嚀當我歸。若可便來春及早，小桃花放倚柴扉。

入鳳山見兵曹朱伯宰話□□事爲之憤懣流涕因成一律寄江上諸子

説罷長安晝欲昏，禦戎近策惟關門。賣琴脱盡書生氣，看劍願酬知己恩。身世於今渾似醉，乾坤至此勿多言。故人若煮青梅酒，休把英雄更數袁。

塞上愁二首

胡馬何年不叩關，共言春煖便應還。可憐今歲千家哭，自結寒雲凍雪山。

其　二

昨夜樓蘭斬一人，捷書馬上撲青燐。將軍急取千金賞，聖主獨哀萬姓貧。

北　堂

他鄉兼歲晚，北堂待雁歸。前山風雪厲，遊子寒無衣。微官俸錢薄，無以寄甘肥。物論危貪吏，赫赫明主威。既非慈母意，亦與寸心違。家貧難爲力，婦織莫停機。男兒去老親，慚愧託中違。安得解纓組，相見苟無饑。

湘山走馬迎人也

匹馬上高原，秋山滿千里。凉風散江樹，孤雲不敢起。彭澤未辭官，奔走應如此。黄菊如可餐，不宜大官米。悠悠暮遠村，花對夕陽紫。

渡江風湧口占

塞上黄雲連日陰，江頭又作少陵吟。春風忽起波皆立，唯有湘流鑒此心。

送同寅周石拙之攸

爾我交情各自知，碁敲燈落夜深時。一天月好人方去，滿地秋清愁可思。無以别君惟有酒，若還思我但看詩。官齋此夜仍須掩，癯鶴雙雙卧北籬。

渌江道中作

衆識天心事已遲，十年空老野人思。許多上座薪誰徙，正在中流楫自悲。北望長安愁太遠，西歸漢水定何時。兒童不肯驅耕犢，陰向前山學搴旗。

句二首

此血千年應化碧，回頭一笑獨留青。贈周石拙。

其　二

知君能後死，看我獨先亡。寄鄉中某友。

詞

己卯孟春九日親友集於龍卧處長者出絹徵書因調南鄉子

雨過緑陰稠，燕子飛來特地愁。日晏重重簾幙閒，悠悠！纔望闗心懶下樓。　芳草弄春柔，欲下時恐不自由。青粉牆西人不見，休休！花自分飛水自流。

寒夜引調長相思

長相思，短相思，燈下便如千里歸。鮫綃透酒卮。
霜隨衣，月隨衣，心畏卿寒卿未知。夜深去宿誰。

失　題[①]

誰家俠女嫁春風，夜入銀牀伴衛公。掩映花腮香帶溼，參差雲髻緑巫鬆。　三千尺，十二峯，别水何深山何重。最是悲愁人易瘦，相思何處再相逢。

南香子入山第三日，雨中鄉思。

黄菊染征鞿。草眼雲深細不飛。深淺霜紅隨意好，依依。門掩千秋水一溪。　長是滿秋時。去去王孫何日歸？莫向橋邊回首望，凄凄。煙雨空山多狖啼。

鷓鴣天秋閨。

玉簟秋肌已漸寒，夢中那得至長安。黄花豈是相思草，青鳥難爲千里翰。　明鏡裏，不須登，長眉何處學春山。吴江有約書應寄，月滿樓西獨倚闌。

長相思舟上望美人，限江字。

近湘江，遠湘江，嫌卻珠簾蔽晚窗。背人映玉釭。　花一雙，月一雙，水上妝臺落影幢。笛吹何處腔。

如夢令歸夢詞。

頻笑頻愁頻埽，易醉易醒易惱。消得五更鐘，不認夢中去道。潦草，潦草，一夜江楓人老。

風入松代王果玉閨怨。

湖頭香彈藕花秋，目斷南樓。年華易老人輕别，爲誰學，五陵遊。紅葉一聲去也，青山萬里孤舟。　無情寒月下新鈎，鈎引離愁。若傳愁去愁應盡，恐凄凄隨水東流。此恨何時消歇，夢中相見蹔休。

賦

月初生賦

緑英兮無聲，明月兮初生。綃霞太薄，縠霧難成。玉鏡微開影已動，銀燈乍剔人未行。客醉兮無奈，夜長兮雪輕。當美人之餘盼，將進酒而自傾。天既寒兮莫去去，歌未闋兮一更更。乃褰衣出户，星疎漢盈。眉黛傳情不勝情，張郎夢後曉煙清。願浣衣之素潔，笑入門而相迎。拜故人如新月，還我念此生平。

文

忠烈公去今二百餘年，其文多世所弗見，至鄉會二墨亦少有得而讀者。魁欲彙刻是集，遂究心採訪，僅得一二篇。迨丁未小春之月，吾宗邑庠生名植元，家藏手抄五篇，始行寄到示刻。如獲拱璧之喜，遂即恭録，付梓編入，於以知我公之人不可没，即其文亦不能泯有如是者。是歲冬十一月，應魁謹識於三山旅寓。

君使臣以禮二句

正告以事使之經，各極所必至而已。夫以禮、以忠，斯君臣所必至之極也。事使者，夫何他求焉？嘗謂朝廷至隆之休，斷不踰於至正之軌，夫非直有所受之也。其道各貴於自盡其義，各極於無加。是故，雖任通變之思，上之不得輕言於駕馭，下之不得輕托於奔趨，如是而已矣。君未詳於禮、忠之解乎？夫文貌亦不足動豪傑之思，但以正其所使之實，則斷不可苟也。昭示百官之故，其君無以自爲地，又何以爲臣地乎？夫虚懷亦不足謝補報之責，但以端其所事之本，則斷不可誣也。不負所學之見，其臣無以自爲期，又何以爲君期乎？且夫禮者，非禮之轉也。不以禮使之，將以非禮使之乎？敬慎不可以近有德，而公卿、輔弼，豈復暱而與人主相親？如是之不親，而與諂媢狎習之端，於是乎起矣。

古先王開宴賓求友之誼，將使聞正言、見正行，謂之何哉？而奈何哉其不以禮也。且夫忠者，不忠之轉也。不以忠事之，將以不忠事之乎？起念不可以言勿欺，而兵農禮樂誰復親？而以治亂爲究，如是之不究，而以人國僥倖之術，于是乎長矣。古先王積數世養士之思，將使知必爲、言必盡，謂之何哉？而奈何哉其不以忠也。爲人君之言使者，明乎此，是故懿恭徽柔之則，當無以法古爲迂，而謙以下人，正以守己，天下于是愈識一人之尊。爲人臣之言事者，又明乎此，是故正心誠意之求，當無以儒術爲陋而略其才智，見其肺腑，朝廷於是愈收國士之報。噫！主極具存，臣心未泯，君慎思之，無易言使事也。

機清神逸，思深韻冷。此題陳言，一洗殆盡。艾千子

"禮忠"二字，皆非人意想中。所有幽思、曲筆，令讀者尋繹不已。宋時御

脱盡禮忠鉛筆，獨抒精思奥義，出語骨立山重，如許關係，根柢深厚，故言之有物如此也。尤際端

氣清骨秀，徂徠之松，孤山之梅，差足彷彿。文品不朽，人物宜其傳，文亦矯矯拔俗，同時如周忠介公近之。後學紀嘉瑞敬跋。

君子欲訥於言而敏於行　丁丑會魁忠烈公文

觀君子所以自治，惟言行交惕也。蓋非訥無以治言，非敏無以治行。存是心，而豈有見訥、見敏之時哉！夫子曰：吾人一生，豈有異人之業，第取其貴且大者而盡心焉，亦甚覺此心之不勝盡也。故治己之端，取其交勵遜志之道，用而日深，未有易言行兩途者也。殆令人思君子矣。夫天下之弊，又起於言行爲易分；學人之弊，又起於言行爲易合。見爲分而遽分，同歸之準遂失；見爲合而驟合，並調之款遂疎。若訥言而敏行，庶幾惟君子欲之乎？君子不敢有誇誕之談，而又有聖賢未至之羞，是以學未進於三代，則不欲著書立説，使當世虚聞其人。夫非徒惜其言也。天下非措躬之事，欲以矢口誠難，若其所乏者，不在言也，則有餘、不足之間，又安可不勉也。君子不敢有近名之心，而又

有品行不彰之恥，是以道未居乎純全，則不欲非時援古，籠括其中有物。使僞行日底於堅。夫非徒慎其行也。天下惟躁詞之病，於以累德常多，若其所貴者，竟在行也，則自損、自益之故，又安可不知也。審乎此，而哲士考躬，當無有一旦信心之理，言尤行悔，正於百慮周旋中，而自認厥艱也。夫固殫君子之一生，僅圖維此志，而有不嫌其迂者矣。審乎此，而學人匡飭，究無以加於問心之能，嘉言懿行，即於萬難修持中，而自觀厥成也。夫固瘁君子之大力，僅克治此身，而有不慚其拙者矣。

嗟夫！吾黨士豈真有奇言異行之可求哉？實學未就而成名於身，言行之失也，恐不止言行之失也。吾安得君子而與談身世之業耶！夫天下事，可爲則爲之耳。至人默成不言，而信顔、閔之學，不聞有異書。後世諸儒議論日繁，成功日少，豈不惑哉！

每出一語，輒令人作十日思。由其見到也，有功天地。文字的是不可磨滅。後學尤垂青謹誌。

人既不可磨滅，文亦不可磨滅。徒以文字贊嘆，淺之乎觀公矣！後學紀嘉瑞敬跋。

譬如爲山一章　　崇禎丁丑

合爲山、平地以觀，而進、止之人出矣。夫爲山，誰使之止？平地，誰使之進？曰：吾止，吾往也，勿自負哉。今人一日間有所惜，亦有所慕，而亦有所思。夫其惜人與思慕人，無益也，猶未免爲旁觀人也。身置其中者，譬如爲山矣。山可爲耶？爲山者竟爲之矣。喜之者集矣，忌之者亦至矣。喜之者托於相知，雖一簣未成，諒其無難也；忌之者驚其才魄，雖一簣未成，猶冀其修虧焉。然萬無是理也，無何而云止矣。嗟嗟！僅少此一簣而止也哉，相與悲之矣。英雄事業將成，往往爲他人所敗，不意復見於今耳，而實無可辭也。止，吾止也，夫獨奈何此？止，吾止也。譬如平地矣，地已平耶，較於山亦愈平矣。勉之者來矣，誚之者亦起矣。勉之者憐取其心，雖一簣徒勞，猶愈於無也；誚之者徒嗤其愚，雖泰山土壤,或亦有是事焉。然萬不在斯人也,倏忽而云進矣。嗟嗟！僅覆此一簣而進也哉,相與謝之矣。丈夫功名非偶,往往爲友生所激,乃幸而與有榮耳,而實無可分也。進,吾往也,夫獨奈何此？進,吾往也。庸夫無識,輒以成敗觀人,差足歎耳。然使成敗之後,論心而不論勢,則雖庸夫之譏評,亦應受而無所恨矣。倘未免斯人争議其後,云誰之羞也？我輩尚寬,不以既往相求,差足慰耳。然使既往之餘咎多而悔少,則雖我輩之憐才,亦深苦而難爲情矣。倘亦令人間共策其餘,吾將與歸矣。夫平地,則在將成時也;爲山,則在平地間也。誤天下人多,成天下人亦不少也。勉之哉！

深微警刻,可當晨鐘破夢。尤際端

語多刻摯,文筆清超,讀此而不警省者,門外漢也。後學紀嘉瑞敬跋。

愛之能勿勞乎二句

情有及之而不能者,知勞誨之獨深也。夫愛忠而勞誨,人知之,其不能不勞誨者,人未知也。是故必表而出之,且論人於必至之情。其初未有不更端其情以審之,乃惟更端審焉,而竟得其所莫逃。夫然後任焉者無諱,受焉者愈無疑矣,其在愛與忠之際乎。夫詡詡於愛不愛之因,而務以白其有事度,豈父之所自處哉！但爲子者,奈何忘其所以處也。嘵嘵於忠不忠之故,而務以白其爲功度,豈臣之所宜然哉！但爲君者,奈何昧其所以然也。

且人而至於愛之,其必欲勿勞之。思更倍於欲勞,迨反覆於勿勞,而所欲勿勞者于是窮矣。士庶猶不待言,至於深宫之内,教胄之方,尤力争於此關之利害,則信夫能勿勞者,能勿愛者也。若夫愛,而豈復有易乎？且人而至於忠焉,其必欲勿誨之意更殷於欲誨,迨輾轉於勿誨,而所欲勿誨者于是絀矣。中主猶不待論,至於聖明之前,俞咈之故,尤力嚴夫此機之得失,則信夫能勿誨者,能勿忠者也。若夫忠,而豈復有貸乎？兩者各有不可知之隱焉。當夫勞之所責,愛者幾弗自安;當夫誨之所繩,忠者亦還自悚。是故深乎此者,從不作愛忠見也,乃若其心,吾之所爲默原也。兩者各有不相知之因焉。彼至激于所愛,寧計勞之如何艱；彼至迫於其忠，寧計誨之如何刻。是故深乎此者，併不作勞誨見也。乃若斯人，吾之所爲婉諒也。使夫人子明之，以善自勞者爲愛地而遂至於能勿勞。夫是，而愛者之計得。使夫人君明之，以善受誨者爲忠地而遂至於能勿誨。夫是，而忠者之計亦得。雖然，而豈易言哉！

刊落浮華，獨追真髓。作者難知者，亦不易矣。

其匠巧在將題目字字頓斷。蔚若

勁氣凌霄，貞心貫日，自是黄石齋公一流人物。後學紀嘉瑞敬跋。

民之所好好之三句　崇禎丁丑會魁

以好惡從民，君子亦思其名矣。夫好惡在民，而何以君子不相違也？父母之稱允哉。且平天下者，既有親百姓之勢，甚無樂乎與人情胥遠也。愚民所滿意之區，即明主亦以爲慊心之事，通欲達性，而責望歸之。吾蓋歌樂只，而絜父母之謂矣。

夫君處尊而於民日異，下不得衷於司牧，數察問以盡其憂，此聖明之所以瘁也。民積廣而於主日疎，上不能進於公卿，躬陳言以述其志，此九重之所以高也。然而，民實有好，民實有惡，爲之父母，豈他求哉？小民無深遠之思，或出廟堂爲可久，而君子不敢自信也。不相習而若聞其呼，不相謀而遽洽其願，蓋有勤勞夙夜以勉副斯民一二端，猶未暇焉，誠不暇也。所好好之，所惡惡之，未嘗需時而定也。主上有萬年之慮，或在小民所未知，而君子不敢自恃也。不以己意而興一功，不以己意而罷一令，蓋有糾集臣鄰以共答斯民一二事，猶未遑焉，誠不遑也。所好好之，所惡惡之，未嘗躊躇而決也。則所謂父母之心，固如此也。

人主至隆，其治天下，則至纖、至悉，故無異入其家而代爲謀，使家人、父子之外，別有君子之大權，父母之心將自此阻傷矣。則所謂父母之責，固如此也。天下至大，其在民情，實至近、至平，故不難取諸身而轉爲致，使誠求不遠之中，獨見君子之予聖，父母之責亦自此不恬矣。繹斯言，知草野之賤，亦不輕以父母奉其君，而誠正之主，嘗顧休名以養其敦厚。知天子之貴，亦必欲得下民爲之子,即循良之吏,猶得分此意以享其功名。不然,樂只之詩豈無謂而歌哉!

得此文,乃知他日臨官有"青天"之頌。循良名績,豈從猝辦得來!

能作此慊心之文,自能爲慊心之吏。後之盡節,所莅之區,已可於斯文卜之。言爲心聲,讀公之文,益信。後學紀嘉瑞薰沐敬跋。

賢者在位能者在職國家閒暇及是時明其政刑

賢能各當其心,而國家之事無難,明矣。夫有位、有職,而政刑係之矣。賢能所以大報國家,時不可失也。嘗謂人主之理國家也,勞於求人而逸於圖治。蓋求人者,主上之責也。得其人而圖治,非徒主上之責也,而主上先之矣。夫貴德尊士之朝,豈有他故?亦曰我國家典章已舊,民志罔孚,懼無以自進於休隆,因是與諸大夫聿新風教焉爾。若然,而賢者、能者,可不自審其所置也哉!人主得一賢甚難,而慕其道輒棄其身,所以羣疑而不前也。雖有仁義之資,立談不足以報主,故國家待賢,責以實,而不責以名位也者,責實之地也,平日而亦羞稱雜霸、佩服先民者,至是當必無所辭也。人主收才能甚廣,而違其用輒喪其功,所以紛集而交蹶也。雖有智謀之士,不專亦不能以責成,故國家之任能,先所長,而不見所短職也者,先長之器也,平日而亦賦戎治世、禮樂淑身者,至是當必無所負也。在位矣,在職矣,國家斯何時乎?僚寀方新,經猷未著,其閒暇之時乎?念之哉。

古先王之以庶政五刑勵臣下以交修,而其臣復慎法廣恩凜不臣以自戒,則亦及是而不敢失故也。國家有何美政,集朝野之新氣,而因有賢者教不肖者之功。至於廷有正人,而遂大見古初之象魏。國家何事議刑,聚俊傑之憂思,而因有君子治小人之法。至於上有明允,而遂大服斯民之肺肝。若是乎,政刑之明甚,無難也。謂非賢能之力,不及此,而不知惡辱好榮,人主蚤有其志,而特與賢能争此閒暇一日也。斯豈倖致者哉!抑人主不獨任人之難也。知人,乃能任人,故使功、使遠,不爲此亂。以武侯當多難之蜀,而寬嚴並濟,則蜀治。知堯、舜、禹、湯,大意所存矣。

瑞弱冠受學於修庭黄先生，即在公祠後進。嗣後，復於祠後課徒，叨公芘佑者多矣。兹賢裔刊公遺集，瑞雖不文，可無片詞敬附集末，以誌景仰！讀公遺墨，敢綴數行，敬粘篇末。亦知率爾，聊抒寸衷，敢曰評騭，希附尤先生後塵也哉。道光戊申季春，後學紀嘉瑞薰沐敬跋。

序

周伯孔楚寶序

周伯孔，湘潭奇士，談古今事如列眉，如以鏡取形，百不失一。初年，慷慨以天下爲己志，後稍不得意，遂憤然擊斷古劍，以身許諸古人。爲貫集世間書，恐或後時而失之。又不喜爲閉户，咄咄放意山水間，别具眼孔，胸臆興盡而歸，便復與藏書爲讎，故伯孔書中蠹魚往往無所遁。其獨至者，多不以示人，稍傳其一二者，皆爲其平日歡好者持去，輒付之木。伯孔已而悔，而傳者日遠，又不能知其素心，但謂邇來著書滿閣，都是名士習氣。故稱伯孔者，究竟埋没伯孔本色。

夫世間有真名士，先要不好名，若認定幾片災梨，爲百年以内生活計，此何異老和尚以袈裟蒲團爲真衣鉢乎？伯孔唯無意好名，故能成其名。凡卷四十有五，若使生于姑蘇白門，一葉出即爲好事者登場舞袖，其書久在四方紙客箬籠中無一分生氣矣。幸其書成之不蚤，而刻之又遲，天所以愛伯孔而居之湘潭，又愛伯孔而使之貧薄，無梓人資，乃使其書終不可泯滅也。書載楚地、楚人、楚事，皆有所論斷，不苟與昔人同，又不肯爲昔人作注脚。高督學以《楚寶》額之，數月而刻不成，夫此書系之楚，則宜楚人重之，何令伯孔費十年心血，今尚對刀工嘖嘖歎其直不售也。若一境之内，賢人、君子曾不能相謀此事者，是失伯孔也，是不識其書也。不然，是忌其名之成也。天下好名者，既以浮淺不終朝而敗；不好名者，又以寂歷待知己之助，而不助之而歸于無成。然則，如何而可也？余俸薄，且受事之日淺，無以伸其志萬一。此等事爲俗吏占盡，諸君子又將戟手詈之矣。

崇禎辛巳十月風雨夜，湘中吏隱、晉江蔡道憲書。

郭金臺代古詩序

丁丑，都門有以郭子代古詩授余者。余於《黨人碑》、《一字恥》、《手滑滑》等篇，下評百餘言不絶。是時，知其詩，初不識郭子也。辛巳，官長沙，揖郭子庭見之，見其人果如其詩。一日，召多士於黌宫，雜命詩題以礲之，郭子三戰而三拔，探其古文辭尤奇。乃今而後，吾可以全交，交定，譽者至，毀者至，誹忌攻擊者且至。余課士日，偶拈"遥憐山影外，人在剔燈寒"之句贈郭子。紙初落，遂有投筆碎硯、睁睁操鋒刃而起立者。余乃噴飯曰："文字交，雖蘇、張不能間，賁、育不能奪，嘵嘵何爲？天既濫以古人之才屬郭子，而又不幸以不收今人之目屬余，宜乎乳水者如此，而冰炭水火如彼，此氣運升降、分量大小、人之差等，自應爾爾。昌黎子曰："動而得謗，名亦隨之，人以爲謗耳，彼因之而成名矣。如以謗而益之名，則孰慊於無謗。"

悔後集自序

悔後者何？前日妄作詩，今而後悔也。悔後而復有集者，何？吾但能焚前日之詩，今日則且集之，以俟後日之更悔也。嗟！夫人生亦然，寧惟作詩！吾去年所見事，自謂已至者，今年皆其不至焉。若謂知其不至者，即是自知，何以自知之後，更復有悔？吾見神仙拔宅之後，應無甚奇特，悔前此不餐人間煙火也。元白方自謂，而主人翁出曰："子能罷作詩乎？不能罷，而又悔，是兩勞也。"元白遂有斯集，起於壬午正月之五日。

送堵牧遊入覲詩序

五千里入都，送者千里，豈謂遠？既不得願，乃戒役人，非送遠者心。例有駢語，云莊之也，安有含意江干，不作直捷書札，而爲是葛藤者乎？"憲删之。惟先生取其意，晤言不盡，屢晤言不盡，徒令役人手一箋，安足爲遠世人曰："此明交情，别不能忘也。”憲曰：“此勸遠行者，愈遠愈自敬其身，而以慰故人也。”

書

丙子會試寄兄書

人生無願作遊子，抛父母兄弟之樂，獨與舟車爲伍也。父既多憂，母亦多病，家貧日甚，借貸已窮。使我隻影飄飄，如何自慰？所賴者，吾兄可以侍晨昏、安内外、教弟姪、悦親舊，以斯得寬遊子之愁耳。人惟掃榻讀書，免奔走，真是快樂境界。一著名利之鞭，雖欲安坐片時，朗誦數聲，亦不可得。弟在家時，嬉遊過日，今悔之矣。兄幸勉之。人家兄弟有三四人者，有五六人者，吾父母生我兄弟僅得二人，比於他人，擔越重也。親年過五十矣，非堪憂堪勞之日也。我不能逸親之身，誠爲大罪。若更稍拂親志，奈何！奈何！弟在家時，此擔尚平分，今吾遠行，此擔惟吾兄獨矣。爲人不易，一事不可輕做，一言不可輕放，一念不可輕行，浮生真如夢耳。兄年三十，弟二十餘矣。此時不力行善道，後雖欲登善道，豈可得乎？聖人云：“四十、五十而無聞焉，斯亦不足畏也已。”言念及此，不覺悚然。人生無窮學問，直在家庭之間，呫嗶文章，其餘耳。不從父母、兄弟、妻子，討快活田地，雖恩及物，不足爲仁，施及朋友，不足爲義。察察之見，自勞其神，不足爲知；悻悻之怒，自焚其身，不足爲勇。今人大率犯此病也。弟雖不能行，但頗知之。兄若知之，奚患不能行耶？弟向時迷曚，今亦稍稍醒悟。人間花酒，總是一場傀儡，鼓寂場空，竟歸何用？然日憧憧徒爲所役者，此少年時事也。今吾兄弟鬚髯如戟，便當打破當時惡業，直尋真路。尚與兒女輩刺刺不休，豈丈夫乎！倘所用之情，乃使父母憂，亦何忍爲人子，便忘情若此也。弟此時直作乾坤一癡漢，遇邨巷野花、平康紅粉，不惟無動於心，幾是木雞不轉睛耳。非直强之也，用心不在此，便不相入耳。如兄一志於道，豈僅與沙石比潔哉！讀書亦何難之有？無欲便清心，清心便性靈，閑心十日勝往時十年工夫。此得之有識之言，豈欺我哉！至如朋友，會與極是喫緊，一切腐俗聲氣，先把人英姿都汩没了，如何做得好文章。雖不能人人揀擇，然其閒頗有性靈者，頗有品行者，我能虚心以下之，則益矣。人不可以欺人，欺人則驕，驕則放。弟一生無所服者，然往往遇一二語，便爲之流連、嘆賞，默默自愧。今日得徼倖逐隊公車，即此之力歟。吾兄得無有雲長公之病，不禮士大夫也耶？戒之。不可謂做得文章，皆是佳篇。人之指摘，縱未必然，要之，須自猛省也。惟不自賢，乃能自賢。丈夫志氣，雖豪邁，宜留幾分謙退，以受人情，且存幾分慚愧，以爲己地。任情剛愎，百試未有不百敗者也。

某識淺愚昧，不應多言，而情至即書，無暇斟酌，勿以其分卑言戇而忽之也。貴體多病，珍重，珍重！弟明年消息未可料，要相見不遠矣。

與某書

寄書多言楚事，言必不能平。讀叔詩，至每度書來曉，大都似言無計覓尊罏，啞然失笑，竟落相逢夙語。薦卿諸兄至，道憲嘗爲之言，今後亦但寄詩不寄書，可省嘈雜，臨箋復不自止。

闖賊破荆襄，震陵寢，郢中松栢樵牧蹊矣。取荆門、夷陵而斷我蜀道，入常德，據澧水，割地而與其黨逆。屬邑之傾陷者，無算也。獻賊取黄州、漢陽，渡江踞鄂，遂取嘉魚、咸寧、蒲圻等地，將逼岳陽而南矣。星沙去賊各東西四百里，賊以是爲親藩食税之郡共耽耽也。鄂之初陷，北撫軍揚帆而南，徑入瀟湘，郧撫軍尚有守岳陽之志，及諸人皆勸北撫軍往岳協守，治撫軍遂卸肩而行。北撫軍鼓檝從之，近萬驕卒擕之江干，以小民爲雞豚，供其宰割。驕卒則留毒星沙，二撫軍長往不顧矣。南撫軍受命五閲月，方自江右入境，徘徊潭澤間，五日不能爲百里之程。諸衆初猶内畏，謂撫軍至，必有處此。今尚未見丰采，而觀其遲緩不速，羣無所憚，賊始驅馬上高山矣。所以望節鉞者，非爲賊也，爲兵也。賊尚能於殺戮之後假行仁義，兵之慘毒十倍之，故無節鉞而兵愈得志。民望賊來，凡未經兵之地，民雖被賊，尚有牛羊、倉廩，經兵之地，則釜甑、絮衣，無一或免。積勢至此，聖人頓爲之不可反也。星沙之民，幸未如公、石等處，勾賊爲亂，今以驕卒驅之,羣聚嶺腹,不復知其長上,楚事真不可爲矣。親朋不遠數千里而來者,至則貿貿然去。道憲之身付之極天怒濤,不復知所際也。

我家近事亦不可問,惟其如此,足少幾分牽掛。萬一玉門猶可生還,真羞見吾叔,毋論他人矣。薦卿、弢熙、若木,猶拳然署中,未忍棄去,顛沛之日,交道真焉。近多傷時之詩,不足呈也。叔前詩未到時,道憲有洪少保詩中二句,云:"馬革不能歸烈死,虎頭今誤相書生。"及讀叔詩,乃同此意。膚則相近,神不類耳。何時得相見,屏去世務,懷古爲樂,悠悠此生,真成醉夢。爲此語,知厭長者之覽,顧不能强作佳話也。堂上安樂,更得吾老母無病,所求止此。臨此畏詞之多。七月二十三日,道憲再拜。

右蔡忠烈公《與某書》,墨蹟作於崇禎癸未七月二十三日,距致命之日僅一月。言楚事甚詳,足證《史》、《傳》、《行狀》所未備。其云北撫軍,即本傳承天巡撫王承基。南撫軍,即本傳湖廣巡撫王聚奎。鄖撫軍,則李乾德也。案:《明史·張鵬翼傳》:乾德,西充人。崇禎十六年撫治鄖陽,未赴,改湖南,即偏沅巡撫也。故又稱治撫軍。其云經兵之慘,則《行狀》所云,"岳帥孔全彬驅萬騎偕撫軍來,焚殺淫掠,甚於賊",是也。薦卿姓蘇,弢熙姓吴,若木姓許,俱見公集。即《行狀》:"有友三人,欲與公存亡者。"其書稱"吾叔"而不字,殆與父執之詞。考公父與諸葛滬水友善,集中於諸葛士年、士倫稱父執、執叔,或逕稱諸葛叔,不一而足。其病中《寄諸葛士年叔》詩云:"時事今如此,非叔安敢言。干戈尋衆起,名節抗孤存。"又云:"時事天何甚,君才我不如。"證之書語悉合,其爲寄諸葛士年無疑。書凡七幅,幅五行,都六百六十四字。其文敘次簡潔,曲盡情事,書法蒼秀遒逸,在元章、香光之間,真至寶也。

道光丙申春,余時方纂輯公年譜,續編遺集,適從閩人李君行篋得見此蹟,因屬寧鄉胡秀才萬本以油素雙鈎,而善化令興國方君炳文亟爲上石,并勒昔年所得公小像於前,敬衔祠壁,以垂久遠。李君名峥嶸,南安人,之官雲南,道長沙,展轉紆迴萬里之遥,出以相示,得非精神感召,中有憑之者耶?異哉!刻成,因敬識其緣起如此。

是歲夏四月癸丑朔甲子，新化鄧顯鶴湘皋謹跋。

附録　勞辛階太史書

湘皋先生侍者到鼎後，兩奉手書，誦悉，唫福安和，著述鴻富。昨李君葵南泊舟枉顧，出台簡並述尊意，遂捧江門、石齋兩先生墨寶見示，心目爲之一開，精神爲之頓肅，又竊竊自矜眼福非淺。然非先生之命，何以得此？因念吾輩書癡，三數人在天壤間，何啻太倉一粟。然一縷心光所注，能使上下千百年，東西朔南數千里，遥遥相感，如磁石之引鍼，琥珀之拾芥。此事之不可解，而可信者。

夫江門死事，迄今二百年。何以遺集甫刻、年譜甫編，而《行狀》至矣，墨寶又至矣？而又非徧執閫之人委以搜求，而後能得之？此豈非忠臣義士一段真精神，固有與天地同不朽者！今者千里外心心相印，不謀而合，固九原靈爽，實式憑之。而遺集之刻、年譜之編，亦安知非冥冥者有以牖吾先生之衷乎？知已屬松林，雙鉤入石，從此祠廟中添一掌故。幸甚！幸甚！四月十八日，崇光奉書。

贈朱王孫文

己卯之夏，于王孫之席，誦白門諸詩。有聲在其間，流水澌澌；有影在其間，高山嶷嶷。又有如晴波月迴，曲岪風悲。雪已深而著蕊，霞欲斂而成芝。能使燕趙之士，感之起舞；廣陵之女，聞而慕思。予顧王孫曰："嗟嗟！於漢魏乎？"而答曰："物憧憧爾心不自期，意騷騷爾言不自知。遂三十年吾老於斯，子以爲有用乎？今天下大率以文章見嗤，吾又何樂哉？可已不已而爲兹。"噫！王孫有道者也。詩與此言，終身佩之。滿座默默，各取酒一巵。

論嵇康與山濤絶交書

嵇叔夜與山巨源書，此如巨魚之在鈎，奮鱗怒鬣，旋而悠揚掉尾，意欲求去耳，豈暇有怨於人者。觀其層層解脱，苦心苦口，是空江孤艇，風雨驟至，尋簑索箬，掩絮牽裾，惟恐其即於寒也。故其音纏綿凄楚，若不勝情。而世人不察，反以爲傲。蓋緣書中有詆毁當時，非薄古人之説，而實非嵇生意。夫未嘗飲藥而欺人以病勢，必疾走狂呼，托於迷疾。巨源知叔夜者，特欲借其口以達朝士大夫之耳，庶幾得全嵇生之身。而不幸其書一出，以藉仇也。不知兩人原是一樣心腸，而題之曰"絶交書"。嗚呼！微獨非巨源之心，豈叔夜之心哉？

豈山公之交若真可絶，出處之道兩言而决，何待呶呶敝毫素爲千喻萬曉，若臣子悉於君父，言不敢隱，若蒙師奮其子弟，提綱疏目，而恐其惑哉。山公豈愚者？彼嵇生亦素懶憚煩者也。東家之女，西鄰招之，女之貞拒其媒，卻其幣則止，躐垣而詈，又復自揚其短，豈理也哉？吾故曰：絶交，非其本意也。即所云甚不可者，謂每非湯、武而薄周、孔，會顯世教所不容。夫非薄古人之人，安能懼世教者？且其書援孔子之事二，不羞執鞭謂思濟物，不假蓋子夏謂護其短，是知孔子之心若此其深也。稱道未嘗絶於口，而自云非薄之者，特寓言耳。其意不過令世人擯遠之，終其身得爲無用無聞之人，至是而不虞殺身之禍釀於此。天人之報，横生意表，然則嵇生雖短於識乎，亦命也。謂嵇生絶生於世，則可；謂絶交於巨源，則不可。後世習讀其書，因并以爲别之語，遂泯其心。悲夫！生亂世賢人、君子，卒不可保與？曰嵇生所謂去窮山而之滄波，知虎豹之嗥於前，而不知蛟鼉之舞於後也。王右軍涉世深人，終身以書名自掩，功雖不立而免於患。夫書名可掩詆毁當時，非薄古人，豈可掩乎？自被蒺藜以衔蜂蠆，未見其可也。

右軍《蘭亭記》憂深思遠，留連吞吐，殆欲進藥石於諸人，而顛倒不悟也。世并以《蘭亭記》爲紀勝、爲行樂，而不辨其用心。噫！右軍殆不可及者歟！

蔡忠烈公遺集考異

感懷呈諸葛執叔黄氏本作《憤然作書慰郭子幼隗》。

動作經春黄本作"秋"。别　俯仰真奈何黄本作"起長嘆"。　只今愧黄本作"恐羞"。賢哲　天地爲黄本作"有"。混沌

三里梅數村竹黄本及諸鈔本作"三梅村數里竹"。

催梅花寄盧藝伯皇授二表一本作“催梅”。

雪黄本作“眼”。中草木皆隱伏　寒松不黄本作“亦”。解文章事

探梅

莫將黄本作“移”。明鏡羞花面

五日感懷步韻呈盧北公師一本作《觀競渡》。

肯教黄本作“已知”。汨水龍争飯黄本作“争鬭”。　未忍黄本作“尚愛”。鍾黄本作“中”。山鶴入幃　王嬙西嫁不成黄本作“稱”。妃　共黄本作“猶”。向江頭買醉歸

湘山楓竹黄氏本作《湘上感懷長沙府志同》。

曉雲不爲此花開黄本作“霜林亦爲好花開”。　欲翦東湖黄本作“湖東”。波一片

雷雨歸雁黄氏本作《九月已未不宜聞雷夜忽大震正爾整襟危坐一雁過簷書示周子聖生》,餘刻本及鈔本均作《雷雨歸雁》。

答尹尊子讀書禹碑山一本作《寄遠公周聖生諸子》。

五歌壽周石拙同寅作

一幅春聲不愛黄本作“受”。夏　出處殊黄本作“誠”。不易　魚子蘭花香酒黄本作“猶”,一本作“更”。緑　黄石山黄本作“仙”。人橋水東　皓眉黄本作“首”。亦作烈上功

壽高督學太母六十

長安祇黄本作“只”。羡黑頭公

憶前宵

闌干倚鄧本作“已”,舊本皆作“倚”。盡相思曲

張君章丈以十月抵潭州相見亦無幾開春即言還時事正亟别愁增之因賦七首

誰爲君歌鄧本作“歌君”,舊本俱作“君歌”。

堵牧遊太翁嘗以湘水清長言祖我去通州後不果行歸長沙牧遊以他事去荆鄂矣亦賦湘水清懷之黄氏本題作《湘水清》三字,小序云:“牧遊先生爲我通州之行賦《湘水清》長言,悲壯,每誦便泣下。及通州不果行,返長沙,而先生已去荆、鄂間。賦《湘水清》懷之。”

蛟龍汝引黄本作“引汝”。兒孫行　夢君不黄本作“何”。似别君時

四月一日詩

無情歡笑黄本作“相聚”。無情悲　若忘曩黄本作“前”。日將歸路　豈復生前黄本作“年”。計短修　但觀往事未甚然一本作“以兹嘆息未堪言”。　仙山誰尋黄本作“劈”。麒麟脯　夢中似云一本作“欲”。想藜羹　早晚歸來自一本作“學”。荷蕢

謝飛雯内兄來長沙四十日將歸不能言别以詩爲言詩率成其言真也

我家必鄧本作“寄”,諸本作“必”。問訊

正夢在鄉園與吴弢熙諸子遊而家信至起梳洗誦李太白杜少陵詩至晚不覺感歎乃起舞作歌自惟音節不在漢魏以下

百萬醉鄧本作“在”,餘俱作“醉”。青樓

昨夜月

急眠止是畏鄧本作“爲”,諸本作“畏”。愁生

送堵牧遊太翁入覲歌一本作《送堵牧遊入覲》,無前一首,有小序,今編入文後。

辭林子野邀飲

不知此夜鄧本作“日”。一樽酒

春日輪山道上

且自沽酒餘鄧本作“餘”。

庚辰五月湖遊

破愁計只一本作“只計”。遊忘倦

辛巳北上補銓汶上謁閔子廟鈔本作《辛巳北上補銓到汶縣謁閔子祠》。

清夜即事聯句

信宿薄言同一本作“同”。

湘山走馬迎人也黄氏本作《走馬迎人示陳遠公》。

秋山黄本作“心”。滿千里　奔走應如此一本作“若馳”。

淥江道中作行述作《題李忠節公祠壁》,一作《淥江道中作傷楚事也》。

《行狀》

公諱□□字元白號江門按舊鈔本,公字及以下公字俱稱作“父”,湖南鄧本“父”字俱稱

作“公”。今依稱“公”。　先世居晉之塔江葵一公生子按舊鈔本，葵一公俱稱爲“大父”，鄧本俱稱作“葵一公”，今依稱“葵一公”。　八月二十二日公坐敵樓中賊前哨至鈔本作“賊哨前至”。　獻忠下堂與語謂公尚不活何良苦爲鈔本作“公尚可活”鄧本作“不活”。

[原集序跋]

悔後集原跋

此吾鄉忠烈蔡公《悔後詩集》也。公諱道憲，字元白，號江門。十九歲登賢書，又四年成進士。二十九歲，以長沙司理，城陷，駡賊烈死。時崇禎癸未歲八月二十六日事。

公有斯集，乃辛巳、壬午年間所作，而癸未無見焉。蓋自壬午冬十二月，賊陷荆州，長沙震。越明年，賊陷武昌，郡又震。皆公撫之。至七月，賊陷岳州，長沙大震。公於是縱郡民令去，獨與所結尹先民提師布烈，誓死守。及先民降賊，公被執，大數賊罪，至就剮，駡不絶口。嗚呼！公之大節偉矣！天下聞公名者，孰不壯之！然愚竊悲公之文采炳爍，被於岳、湘間，岳湘士人知之，海内之人不盡知也。幸其遺集尚存耳。公之自敘曰：“悔後者，何？前日妄作詩，今而後悔也。”

霍聞公年少時，襟懷豪爽，喜爲清歌，嘗往來吾邑，挾妓走馬，擊鼓吹簫。士大夫皆驚怪之，竊意其人如李太白、石曼卿者流，軒軒霞舉，狷狂自肆，爲風流人豪耳。而孰知其能爲張睢陽、顔杲卿也！及得公斯集而讀之，乃與所傳者大異。感時撫事，痛自貶削，中有幽思苦調，如騷人放士、窮愁不得志者之所爲。其天性篤摯，感人抑何深乎！公豈真有所悔也耶？公雖年少俊逸，登第後未幾，有太翁之變，及起而司理長沙，迎母夫人以侍養而不終。公於遇，匪可云幸矣。至獻賊猖獗，公以一身撑持湖南半壁，憂勞瘁苦備盡，嘗題其署中，曰“許多上座薪誰徙，正在中流楫自悲”，至今誦之酸辛。公畢命於長沙，與李忠節後先相望，争光日月焉，無論屈、賈矣！詩詞其餘事耳。然四海千秋有得公斯集，覽其一吟一咏，無非愛君、懷友，可謌可泣之音，則其流連思企，與公之精神相上下，更何如哉？

霍生也晚，幸與公仲兄元澹先生爲忘年交，而是集乃吾師盧司馬牧州公手授藁，因誌於編末，以致景行之意云爾。同郡後學林霍拜撰。

跋江門先生殘詩　　寧鄉黄　堂升甫

有唐常山太守顔公，以舌死安禄山之難。越千餘年後，吾郡司理蔡公，亦以舌死張獻忠之難。同一罵賊盡節，然江門慘矣。予少時，先子爲言江門死狀，慨然想見其爲人，繼求湘潭郭幼隗所刻遺詩，十數年不得。檢《郡志》，得《湘上感懷》一首耳。考各家載記之傳先生也，陶仲調得其嘯山陰，宋俊得其言於被戮時，奇苦狀都不傳。最後，趙恭毅公墓碑頗載，而不甚悉。

以予所聞，明崇禎癸未，張獻忠陷武昌，長沙震恐。李偏沅、孔總兵以下僚佐，擁吉、惠二藩竄匿。會堵牧遊太守先入覲，公方攝守篆，結總兵尹先民誓死守。八月朔，獻賊圍長沙城，公晝夜盡力守禦，嘗單騎手刃十數人。至二十六日，城陷，先民降，公還署，朝服北面拜，遂被執。幕下卒淩國俊等九人從。獻賊呼公跪，公叱之。曳之跪，不屈。以刃劚其膝，撲地而蟠坐。使先民誘降，公大聲叱之曰："負心賊！恨手中無刀磔爾。"奮拳擊之，先民慚退。獻賊又謂九人説公降，九人不從，曰："公肯降早去矣，何至今日。"賊怒戮五人，以慴公。公罵曰："無賴狗畜，立見敗耳。司李雖小，天朝之命官也，豈降爾哉！"賊擲刀揕公胸，血濺賊首，賊仆。諸賊駭退數武，頃之，復以刀磨其頸，令公跪，公顧起，旋舉足，揚眉清宛，笑語如平生，且罵不絶。賊刖其左趾，不跪。刖其右趾，不跪。斷其左右腳，踞地大罵。斬其胻及臂，公復揮手作擊賊狀。砍其兩手，罵亦然。斫其兩腕至腋，已而裂其眉，剺其面，使不能笑，益厲罵。遂擊其齒，以鈎取舌去之，舌血直噀獻賊面，賊爲之股栗起。公猶以眼鼻作窸窣楚楚聲恨賊，賊命抉眼、劓鼻、馘耳，支解之，氣乃絶。諸賊旁觀者皆咋舌，歎息垂淚。其四人者，戮且盡，淩國俊獨謂賊曰："俟葬吾主就殺。"遂枕公尸大哭，徐拾朱履，解衣裹其骨，肉血淋漓，藁葬醴陵坡。嗚呼！彼顔公被禄山斷舌，有如是慘哉？斯言也，昔聞諸先子，先子又聞諸曾大父云。夫陶之不傳，以當日人人皆知之也。宋之不傳，則不知也。恭毅傳之不詳者，則以作記之時，距公之卒六十餘年，得乎采訪而未盡知也。

今年夏，予歲試星沙，偶與胡子六義攜酒步城，拉謁公墓，已半道，六義難之，遂反寓。次日，於主人敝簏中檢得鈔本詩一帙，前後脱去，審視，見公《江上感懷》詩在焉。異哉！其帙皆明末名家稿，各有數板，各標記其名於首，獨首九板詩三十四首，雖知公《湘上篇》，其餘則不敢决爲何人筆。盡讀之，清瘦深幽，音節慷慨，情致纏綿，是古之傷心人也。遂皆疑爲公作。歸來細加考定，其前一首《失題》不具論，按：《密庵集》序《石村》詩有云，“嘗讀書城南，江門深夜上樓，望其燈火，或乘月一騎，至齋頭則馬踏一絶，憤然一章”，的爲公稿矣。又《密庵集》有《和江門見懷》詩，則《懷陶仲調》一律的爲公稿矣。《長沙府志》：周石拙通判，滇南人，與公同寅。又恭毅墓記云：公崇禎癸酉年十九，舉於鄉。丁丑成進士，選雲南司李。父艱未任。庚辰服闋，補長沙。其壽周五歌之四曰“滇池不可到”，“畢竟見君亦有時”云云，則飲石拙、壽石拙、送石拙，三題七首，又灼然公稿矣。“走馬迎人”，推官職也。“渌江道中”，“鄂城寓中”，推官奉差也。《獨居》云“我來仕長沙”，“官銜食芝草”，謂推官禄薄也。《送堵牧遊入覲》小序自署名曰“憲”。《湘水清》亦爲堵賦，其末之《四月一日詩》云，“壬午之年四月一，我之先君初度日”，言其父之誕辰也。“六十年中半未識”，言已年二十九也。“爲吏四體屬旁人”，“五鼎恭承天子賜”，言其志不欲生。是先年哭父之詩，遂爲次年懷沙之絶筆矣。其他諸作，參錯中間。咏梅寫其神，競渡發其志，寒夜飲抒其悲，贈尹尊子笞居嶽麓者，示周子聖生爲吴燕勒作，寄其慨，則此帙都爲公稿，無疑矣。余敬手録一册，以志慨慕之忱。

雖然，公之大節炳炳千秋，固無俟以詩傳，然讀其詩，益見公之死非徒少年俠烈之氣、區區倉卒逼迫計無所之而就死者也。竊怪修郡志者，於此等撑持宇宙、照曜古今、精忠大義之詩，僅登一首而反搜流連光景、無關興勸、淺陋腐爛之篇，數數登之，吾不知其好惡何如也！

跋丙子家書後　　晉江曾維楨雲崧

楨幼聞諸故老,公少喜遊畋,重氣誼,同鄉貴顯者雅未知公,公亦心非其所爲而弗與往還也。公車入都時,同郡如蔣八公德璟、黄東崖景昉輩方執朝政,公以桑梓誼一投刺焉,而未嘗再訪。故東崖輓軸云:“少年裘馬翩翩,惱我猶慚交味淡;泉郡衣冠濟濟,微君孰報國恩深。”蓋追紀公車時事也。公天性醇摯,在家有孝子之稱。此書纏綿悱惻,愷悌之懷流溢言表,讀之令人起敬、起孝,直與《出師表》、《陳情表》同爲有關於世道人心。原書題跋甚多,今惟存慕江前輩二律詩,蓋從培源蔡氏鈔本也。培源,亦公支嗣屬,喜聚書,故此書猶存。

題丙子家書後二首　　晉江蔡鴻捷慕江

不甘遊子便忘情,情至書懷寄與兄。急悔著鞭謝名利,相期入道認平生。一腔心血思親竭,萬里關山悵月明。廿二年來堅作聖,世間老大轉蠅營。

其　二

懷來本薄宦遊情,身世商量百感生。直作乾坤癡漢子,不虛今古賢豪名。文章率性成偏易,忠孝非愚死豈輕。一自裂眥歸帝闕,楚山無色水無聲。

原　序

明季流寇之變,守土之臣捐軀殉節者,前後相望,較於舊史夥矣,信三百年養士之報也。吾晉江得三人焉。於四川威茂道,則蔡公肱明;於江南亳州,則何公燮;而長沙司理蔡公,事尤彰聞。先贈君並爲作傳,載於家乘。

遷鶴先世故宅在府治北之虎頭山,與公之居咫尺而近。其時科名之盛,兹里爲最。公後先贈君六年,而舉於鄉,年纔十九,踰冠成進士。敏慧絶倫,風流自喜,慕嵇、阮之爲人。及其誓志孤城,蹈義如歸,凜然若寒霜烈日。觀公《悔後集》之作,其骨幹堅勁而不屑屑於字句、音調間,則少時之所見者,蓋員其外而方其中也。好義者既刻公集於長沙,又輯輓公之詩,别爲卷帙,以附其後。夫沅、湘之涯，風雅所萃，蓋憑弔之區也，莫不哀靈均而傷賈傅，今與公而三矣。其詞不必盡逮於古，然其感發於忠烈之蹟、慷慨而長唫者，皆蒸民之好而騷客之遺也。後有作者並賡而存之。

康熙四十有四年三月上浣，左春坊左庶子兼翰林院侍讀、同里後學陳遷鶴撰。

原刻輓蔡忠烈公詩序

明季，闖、獻二賊分道流掠，所在震恐。闖賊陷洛陽，先高祖太傅忠節公，時既告致力竭莫支，遂同福王被執，不屈就死，痛未忍言！獻賊攻長沙，司理蔡忠烈公時攝府篆。方各官隨吉王遁去，人無固志，公獨以孤城自誓。城破被執，罵賊不屈，至慘受支解，寸磔以死。

嗚呼！爲臣殉國，視死如歸，夫固俱有不可奪之節如是哉！且夫蔡公之死也，可謂烈矣。當是時，以慷慨赴死之志，成從容就義之操，幕卒感其誠，甘以身殉矣。賊衆傷其慘，爲之淚下矣。蓋其捐糜頂踵、百折不回之概，實足以激天地而泣鬼神，故能感人以至於是。則夫後之遥念其事者，憑弔欷歔悲憤不自勝，固亦出於中心之誠然，而無所强者。噫！此後先輓公詩之所由作，作而彙刻，迄至於今，而且有重刊之謀乎，而余因是有感矣。今夫好是懿德者，烝民秉夷之良也；崇祀死事者，國家風厲之權也；表章一方之賢德，使百世俎豆不絶者，守土者之責也。當公殉難時，事聞，贈太僕，謚忠烈，建祠置田矣。

先是，淩國俊藁公肉骨瘗長沙城外醴陵坡，後兵使者堵公更具衣冠改葬於舊所，又籍諸從逆家房屋及田千餘畝爲公祠田。滄桑後人多侵踞，公鄉人倪君康年令善化查復祠宇，清出祠田什之二三，撫軍丁公、趙公相繼表墓釐祠焉。夫前之人創之，後之人守之，又後之人尤宜保之也。丙寅夏，余來守長沙，欽仰公之忠義，下車後，詢知公祠在郭西偏屈、賈祠左，躬親展拜，即悉意稽清祠田舊額。今者，祠宇四進如故，門之前舖屋二間如故，其田之在華嚴塘、洪山廟、長塘三處者，内有奇併山册，户名蔡忠聖，額租貳百貳拾貳石亦如故。而又於公墓前重修享堂一間，勒碑一座，凡以表節烈昭舊典也。夫以公之成仁取義，與先太傅同一志趨，其浩然之氣充塞天地，直將千古爲烈，廟食之有無，固有不足爲公存亡者，要以仰體我朝崇獎忠義、扶植名教之意，則公之血食百世，俾無至於不祀而忽，諸在官斯土者，實無所容辭其責也。

顧念余總角時隨任京都，又宦遊四方，不得偕族人拜埽先太傅祠墓。又自曾祖父來世守清白，力不能置祭田。今覩蔡公之廟貌重新，祭田永在，回首家山，蓋有缺然於心而不自安者，則夫堵公諸人經營創置之力，後之人殆未可忘其所自矣。余故於今者輓詩之重刊，特爲表而出之。庶幾千百載下，猶知忠靈如在，當於此爲兢兢云。

乾隆十三年歲在戊辰小陽之月，知湖南長沙府事、河南吕肅高拜撰。

案：吕君號南邨，守長沙，爲忠烈公修墓，立神道碑，又刊行廖氏《楚風補》，可想見其人。忠節公名維祺，《明史》有傳。

原　　序

吾族在閩，多理學節義之士。明季，流寇之亂，捐軀殉節者，四川威茂道忠愍公諱肱明，長沙司理忠烈公諱道憲，其最烈且著者也。雍正癸丑，表弟陳君矩亭令長沙，郵寄忠烈公遺詩並前後輓詩一集，世遠讀之，不禁憮然三歎也。

當獻賊之破武昌、抵襄陽而窺長沙也，撫藩、監司以奉吉藩爲名，相繼遁衡州。時太守入覲，公攝行太守事。練兵、湊餉，爲死守計。賊知公愛百姓，曰："不降，吾且屠長沙。"公泣曰："寧殺我，毋殺百姓。"即手刃乘城者數十人，賊駭而退。總兵官尹先民陰送欵於賊，與戰詐潰，長驅逼城。公急出百姓十餘萬户，以孤城自誓。城破，遂執。脅公降，公怒罵不屈。使先民説公，公罵曰："恨不斬汝萬段！"手批先民，先民羞走。賊擲刃揕公胸，血濺賊首，仆地。賊膽落，以刃加公頸，公揚眉舉足自若。賊斷公足，裂其眉，截其兩手，罵益烈。鈎舌毁齒，抉眼劓鼻，寸磔以死。

先是，公被執時，有役九人從公不去。賊先殺其五人，以懼公，公不爲動。公既死，次及淩國俊。國俊者，九人之一也。國俊曰："俟葬吾主後受戮。"賊許之,國俊枕尸,呼天大哭,解衣裹肉骨葬之城南醴陵坡,還詣賊。賊義而釋之,國俊曰:"是我藉義名以偷生也?"遂自經死。

事聞,贈太僕卿,諡忠烈,廟祀勿替。兵使者堵公允錫爲具衣冠改葬,籍諸紳士從逆産爲公祠田。吾鄉倪君康年令善化,倡新公祠,復祠田之被侵没者。撫軍丁公思孔、趙公申喬相繼表墓、釐祠事,以國俊從祀。

公以名進士起家,死時年方二十有九。所爲詩清幽峻肅,凛凛皜皜如其人。嗚呼! 自古國家多難、擾攘急迫之時,豈無賣國求降、偷生以全軀身、躋顯秩者? 顧其後世子孫,以爲榮乎? 否乎? 即其鄉之人,以爲榮乎? 否乎? 引而近之乎? 推而遠之乎? 公死已近百年,而凡官斯土、居斯地者,莫不憑弔,嘘唏感仰而不能自禁,况於譜系之末、桑梓之舊乎! 忠愍公之死,緣松藩鎮帥朱化龍内叛,脅降,兄弟、妻子、家衆,死者三十二人。公之死,因尹先民欵賊,忠義所激,感及從役,豈不長垂天壤乎! 淩國俊,一徒隸耳。一旦舍生取義,遂使官紳兆姓瞻禮拜墓,歷千百年而不衰。然則,偷生者貴乎? 義死者貴乎? 讀斯編者,可以慨然奮矣。

世遠謹識。

【校記】

① "失題":此詞詞牌爲"鷓鴣天"。劉隆平編《全閩詞》(廣陵書社,二〇一六年版)第二册第六〇九頁作"鷓鴣天"。

蔡忠烈公遺集卷六

附録　弔輓忠烈公詩

黄道周石齋，漳州人，明翰林檢討

聞道潭州失，江門必不生。寧甘辭老母，忍訣守孤城。碧血光雲漢，丹心答聖明。古今臣子節，無愧堂堂名。

堵允錫牧遊，宜興人

我友我友江門子，黑鬢頎身好司李。三年冰雪府琴堂，嘔盡心肝民屋裏。一朝劇賊和江吞，十萬户變魚蝦羹。南朝侍郎惟一蔡，北面兒曹重見人。口噴罵賊賊不了，賊不殺公公獨惱。千秋正氣生跨箕，五丈原頭星照草。

王　岱山長，湘潭人

劫運丁衰季，南楚暗兵革。斬竿殺長吏，所向成捲席。大厦無復支，蒙面先遁跡。卓哉晉江公，神勇列戈戟。背城决死戰，瓦解無完壁。史垂睢陽青，血被平原赤。一嘯天爲回，公善長嘯。長虹貫日白。義士馮孝廉，守節避鈎索。不惜支體斷，恥頫南雲額。義興堵撫軍，石友敦夙昔。泣血灑九招，勒轉岣嶁石。配祀屈賈祠，馨香不可射。我來展祠宇，蹁踊還躅躑。同罹憂患人，苟活愧朝夕。余時同馮子被索，遠逃獲脱。瀟湘萬頃清，嶽麓九面碧。庶幾其來歸，爲君灑魂魄。

俞一鱗養泉，善化人

從來死字最難認，死字惟公認得真。若使今朝同衆醜，幾無一箇讀書人。

菊花雨和蔡江門先生　　善化黄學和二調

撑持秋事讓誰强，山色濛濛菊影黄。晚節不争風月艷，芳心獨惹淚痕長。飄零籬落愁無那，抖擻精神瘦不妨。却是埜人添埜趣，芰荷來往拾餘香。

清秋報蔡江門司李二首　　寧鄉陶汝鼐仲調

峋嶁亭上望高旻，沆瀣秋來一氣勻。何意海雲先出嶽，居然廉水後通閩。松於磥砢知千尺，宿有寒芒辯五辰。我欲擬君當太乙，下觀嘗爲較書人。

又

希聲久已托枯桐，傳説逢人問孔融。黄石應難忘孺子，青山未免笑愚公。登臺客許從隗始，奏雅予慚在曲終。此事古來關氣運，剖懷聊得向春風。

甲午從幼隗寓中讀忠烈蔡江門遺集有見懷一首感而作寄知己之痛云

瞿然一鶴想神清，哭斷城南碧血墳。午夜侶聞鸞鳳歗，公善嘯。孤魂寧與鬼龍争。平生何意推王粲，當日誰能嘆杲卿。秋夜見懷詩尚在，讀來奚止淚縱横。

朱繼祚明禮部尚書

誰言是死即堪悲，畢竟無生死要奇。千百萬人齊解甲，惟君一箇是男兒。

曹學銓能始，福州人

古今殉難尋常事，後死如何轉自憐。爲愛忠奸顛不破，輸君香骨托寒煙。

林　垐子野，福州人，明侍郎

叔章爲類戚，死後愧生貪。節滿湘江秀，忠開嶽麓嵐。詩書今不負，膚髮可無慚。自讀先亡句，時時哭淚涵。

鄒衍甲明儲賢館學士

瞬息山河改,文章不必名。君今真善死,我在豈圖生?駡賊尋常事,全民痛切情。長沙埋骨地,千古有人評。

又

青年多厚望,此節更無疆。膚磔魂無恙,肢分志益强。血流紅日晦,氣吐白雲長。風雨孤臣在,芳名播未央。

黄起有改菴,莆田人,明禮部侍郎

天意當屯蹇,忠臣始見真。問誰不有死,惟子斷無生。碧血流三楚,丹心照八閩。懸知千載後,青史字常新。

鄒　鎏明襄陽尹,後亦死難

潭州八月軍聲壯,社里千村報死頻。萬里奔城嘶戍鼓,孤臣裹甲駡征人。謾言成敗天多意,贏得恩仇血滿襟。顧我自慚猶有誓,殺身未了許君仁。

鄒　藩明漢陽尹

忽報潭州戰骨空,愧予江漢苦從戎。晝蘭帝子同爲主,芳草王孫獨見忠。歲月未消髀裏肉,弓刀直長墓前桐。蓼花紅滴千江雨,天亦年年哭蔡公。

李文照元朗,善化人

湘上一坏土,愁雲結萬古。當年攜藏司理骸,骨化形銷名不朽。江漢浮浮蹙楚天,波臣失鎖逸青猿。九象狂奔無力鬬,百妖號咷彌長路。藩王相國猿鶴悲,白叟黄童蟲沙微。消息入湖南,萬衆心膽寒。横槊長林偃,飲馬平湖乾。文臣武力辦一走,我公危城獨據守。大庭嫚駡氣如虹,擲地金聲印似斗。寸磔寸臠笑未休,頑身蜕去恣遠游。長嘯一聲入冥漢,九閽開處拜冕旒。恩感隸夫輩,見之潛拭淚。

共踏醴陵坡，玉樹幽宫閟。弘演有腹我有衣，納肝裹骨無二致。義激孝廉耳，聞之甘就死。有足不跨鐵騎馳，有手不草露布馱。任渠斫將無用物，英魂好去追司理。吁嗟乎！故國高爵厚禄養賢才，捐軀致命幾人哉。我公有義役兮有良友，黄泉碧落結朋儕。君不見，陳再灝鼎甲，台衡詫榮耀。攻屠殺掠有權衡，不恤猱升由我教。陳，郡人，獻策云："攻城不如攻野，野清而城自破。殺男不如殺女，女盡而男無歸。"賊大喜。授狀元、晉禮部尚書。又不見，簡伯功文武，長才蓋世雄。多能適足爲身累，教埸演武辱王封。簡亦郡人，賊欲官之，逃去爲僧。賊怒，欲屠長、善二邑。不得已出見，教埸比試，賊黨皆敗，授王爵。我生去公時已晚，因裁志乘榮青簡。不及臧洪把臂遊，自嘆成仁道何遠。

楊　英

潭州有祠曰忠烈，屈賈之閒成三傑。先明逸事知者誰，擊劍爲君歌一闋。晉江蔡公真天人，江門其字道憲名。少掇巍科作司理，民自不冤訟獄平。懷宗末年遘陽九，揭竿斬木聚羣醜。天下之勢皆土崩，衡嶽荆湘皆不守。賊鋒乘勝薄星沙，屠城殲邑粉(紛)如麻。公曰汝民各遠避，吾將死守報天家。常山壯氣吞强賊，睢陽忠義何剛烈。流涕誓衆疾登陴，寇壘聞之心膽折。高牙大纛者何人，吾國但有降將軍。開門揖賊乃上策，不圖人死而狗生。壬午八月日廿六，耀日降旛光簇簇。斷養賤役静夜羞，屈賈忠魂白日哭。城破豈能支，巷戰復何爲。衣冠北面拜天子，孤臣授命此其時。但當報我君，不復養我親。但速殺我身，慎勿殺我民。慷慨低徊只四語，挺立不屈羣賊驚。羣賊窺天作糞土，公能從我印如斗。公聞瞠目髮衝冠，怒駡那能聲絶口。賊豎横刀不敢前，强者佯怒弱者歎。縛公釋公欲公服，三翻四覆如循環。公心如鐵駡益厲，怒者變歎歎者泣。降公釋公兩不可，渠魁酋長皆起立。有酋謂公誠忠臣，誓將磔汝成其名。願見開顔一笑死，瞑目九京全其真。公即笑語宛清揚，色康神定如平常。挺身受磔不稍怯，從者九人摧肝腸。九人亦自非凡流，共是當年南八儔。爲首者誰淩國俊，延頸就刃先同仇。可憐餘人半從死，半裹公尸出城市。黄道門外醴陵坡，撮土爲墳今壘壘。墳成羅拜哭且訴，投繯同縊墳旁樹。陰風慘澹走黄沙，皎日無光起煙霧。吁嗟乎！先明養士三百年，亡國節義何寥然。蔡公臣則死君僕死主，生氣凜凜千古傳。流傳應復待青史，吾徒作歌勤仰止。願得子長復生操健筆，編爲列傳續本紀。

蔡江門先生殉難其從者淩國俊等九人從之死追紀以詩黄璞園刻本作李承謂。　益陽羅賢胄

妖星臨潭人股粟，守將迎降前屈膝。公獨誓與城存亡，結束弓刀虹貫日。死與不死争斯須，能得死所爲真儒。田横有客願同死，義重何惜尺寸膚。人生亦各有懷抱，可憐疾風摧勁草。小人有母藉君傳，得君隻字等鴻寶。君不見偷生幾輩草木腐，惟此名節流傳萬萬古。

過司李署有感　零陵桑日昇本生

客至徒瞻司李衙，人人猶説蔡長沙。雲連忠魄埋青草，日遠風規隔絳紗。萬里慈顔歸旅夢，一庭孤月冷秋花。徘徊歧路愁無盡，怕數荒城幾點鴉。

觀郭幼隗所爲蔡江門馮棍公傳　邵陽車以遵孝思

師友當前若返魂，能令後死拜江門。只緣士賤君恩薄，始信人歸史道尊。北海碑殘芳草合，杜陵舟卧落花温。汨羅最與湘流近，欲往從之弔屈原。

弔蔡忠烈公　湘陰吴應台伯能

翠柏森森映碧渠，孤臣遺祀古城墟。哭將賈傅同遺策，揖就靈均共卜居。香骨不埋卑溼壤，丹心長照汗青書。男兒幾箇真忠死，一笑風前竟自如。

蔡公墓看桃花　善化魏　瓊

桃花塢，蔡公墓。碧血入土色成殷，一片紅霞遮不住。問花開落自何年，春去春來凡幾度。凄然感我小子心，故國韶光何處尋。有花之地不見春，無花之

地愁殺人。

弔蔡江門先生　　楊光覲

共守危城計瓦全，那知納欵勝攻堅。我身可殺誠無悔，百姓何辜竟不憐。僕役並登忠烈傳，友朋争結死生緣。至今坏土長沙地，報國書生總萬年。

冬日謁蔡忠烈公墓遂次公退食感懷韻

善化張九思聿修

飄然七尺已辭家，公詩："丈夫飄然七尺身，今作蛾眉誤嫁人。"古寺霜華拂障紗。梅雪詩魂醒到骨，風塵血淚灑如花。三颜白石同祠墓，公有《白石山謁三顔祠》詩。九卒青燐認署衙。未報國恩臣憾在，丹忱一點照長沙。

謁蔡忠烈祠　　善化張忠鵠射圃

碧血何年化，豐碑傍古城。孤忠惟報國，一死豈争名。妖夢數前定，家僮命盡輕。何須東海上，高義説田横。

謁忠烈祠二首　　善化陳鴻儀百樓

讀罷殘碑淚不禁，長沙城外曉陰陰。寒蛩似亦憐忠烈，也向祠前故故吟。

其　二

罵賊捐軀恨未平，丹忱誰復似先生。只今留得浩然氣，常作湘江風雨聲。

長沙懷古四首之一　　無錫秦　瀛小峴

李潭州已殉中原，異代重驚殺氣昏。草檄飛書空復爾，刲羊屠豕不堪論。道旁又見王孫泣，江上難招杜宇魂。慷慨與臺同日死，寒陂秋水映祠門。

讀蔡江門先生悔後集二首　　湘陰王立楷

大筆淋漓讀楚辭，文禽香草寄心知。忠魂未雪生前恨，正氣常留悔後詩。

其　二

半世風騷宇内傳，懷人愛上洞庭船。文山氣骨常山舌，天遣裁詩二十年。

夏日蔡忠烈祠即事　　湘潭張家榘蓉裳

出郭循城闉，背市别一徑。穹碑表南阜，沙路陟修磴。忠祠遺像在，未到意先敬。蒼松墓門外，剥落三五賸。託根忠孝地，著枝俱挺勁。當時憤罵賊，取義法孔孟。孤忠感僕隸，慷慨捐軀竝。堂堂二百年，懦夫氣猶競。到門忘亢旱，襲袂蕉風静。撫絃荅松響，擷茗就泉瀅。清齋太常值，時方祈雨。蔬筍僧廬稱。酒酣日未夕，步屧遣餘興。泉甘萬瓢集，波定千荷净。芳田負郭肥，緑没穗方孕。泥乾漸龜坼，仰視天如鏡。何時一雨凉，快意重游訂。

朱　卷和思，莆田人，户部侍郎

草樹雲山暗，春風冷夜臺。幽魂殘國脈，滯魄少年才。何故三軍退，偏餘一坏埋。孤忠惟獨往，視死直歸哉。

曾　英養侯，莆田人，封平寇伯

人臣當未難，言下盡孤忠。迨至賊來日，將惟寇與同。赤身懷社稷，白骨敵刀弓。遍索潭州將，欷歔止蔡公。

鄒夢枚原名巖春，字碧人，莆田人，明司理

暴雨來西北，風聲不可聞。百城餘一子，誓死率三軍。頭落仍呼賊，屍分尚憶君。有明三百載，名教首崇勳。

其　二

爲國山河重，致身天地長。孤忠寒夜月，勁節凜秋霜。有死全三户，無生報上皇。謾言真激烈，白骨至今香。

章　成斐菴，廣東人，善化令

陽九時乘痛式微，山河破碎絮紛霏。决甘賊劉生何愧，得報君恩死是歸。羣鼠靦顔輸賊欵，孤臣飲泣戀京畿。只今霞點湘江樹，猶作當年噀血飛。

又

一帙殘編照膽寒，雨窗讀罷客心酸。從容就義文山死，百磔今知死更難。

又

竟古荒荒，鶴表陰陰。饅有芝餡松楸馨，有懷嗚咽調素琴。沸濤怒吼，羽徵噍暗。彤雲垂兮氣蕭森，匪今斯今天地心。

彭　鵬無山

六十年來事，空餘姓字芳。登堂欽氣節，入廟拜冠裳。事業生前夢，悲歌死後香。只今十萬户，猶凛若秋霜。

楊錫桐晉叔

悲懷拒逆生前日，憑弔先生死後身。萬劫乾坤餘嶽色，一江風雨泣孤臣。君親圖報難同濟，家國關心别有神。想像遺踪成往事，空餘羣雁滿湘濱。

又

氣節凌雲曠世逢，寒霜一劍落崇封。忠魂萬古縈霄漢，壯志千年勒鼎鐘。閩地桑榆悲舊事，楚江丹嶂仰光容。只今享祀留芬苾，青史惟公屬正宗。

又

簡命平衡入楚疆，時逢四壁野烽黄。羽林不繼層圍急，刁斗虚懸轉運荒。遂爾殉身同許遠，還能有舌過睢陽。忠貞千古光雲漢，浩氣長空骨亦香。

謁蔡忠烈墓二首　公與先曾大父密庵交好，有詩寄懷。

寧鄉陶士偰嵇山

昔誦江門集，有懷彭澤詩。清秋縈别緒，寄詩有"别後不愁秋不清"之句。季世共憂危。已畢先生分,無慚後死時。泉台如話舊,慷慨慰相知。

其　二

天柱已教折,能無嶽足傾。英風培海上,公閩人。黑氣滿潭城。草菀塗肝地,江流礪齒聲。公罵賊嚼齒,如睢陽故事。寧知故人裔,憑弔爲悽情。

莊有恭滋圃,廣東人,湖北巡撫

豈甘一死自成名,不殄妖氛恨未平。剩骨尚能撑宇宙,抱頭何意倡宗祊。獻賊至,吉藩先遁。衣冠腐鼠今誰在,風雨靈旗氣自生。抔土千秋猶起懦,醴陵我欲薦芳蘅。

朱元春乾一,御史

得讀先生傳,憐公死獨奇。光芒留史册,氣節塞天池。顧母惟含淚,從君但裹屍。遥知三楚地,父老記鬚眉。

黄　釓嶽生,長沙人,銓部

獻賊來何急,旌旗日正昏。舍生休母養,取義報君恩。舌比常山血,神通湘水魂。乾坤存正氣,千載一江門。

黄明懿秉直,廣西桂林人,翰林編修

天下奇男子,如公能幾人。艱貞志不渝,奮死衛孤城。英風萬古留,堪笑尹先民。諸如畏賊人,反面背主恩。貴胄與宗祊,但愛名位尊。氓庶漫弗顧,只欲圖自存。賊勢或更張,何處容己身。此情亦太愚,理絶惟貪生。有生能幾何,志士存其真。富貴難久長,罔自忝大倫。名教勞撑持,惟公獨至誠。德脩仍有鄰,胥吏懷堅貞。九人誓隨公,羞煞諸縉卿。其一尤獨奇,殮主葬醴陵。既葬請就戮,生死何足論。人世雖百年,休作鴻羽輕。更勿效土壤,巍巍蔡江門。至今醴陵坡,人懷忠烈墳。名義感道路,遺老淚縱横。春露與秋霜,悲感意常殷。非有平生舊，緬彼道義醇。公豈徒死爲，仗節匪爲名。正氣在天地，理足鬼神欽。逆賊雖未殲，膽落已喪魂。國威賴以彰，國本賴以寧。大地盡如公，宇宙常不傾。任彼刀鋸加，罵賊不易心。百磔誠何恨，膚髮轉見榮。赴死亦太難，百鍊留心精。自信本有素，求仁而得仁。

又四首

先生身殁有遺詩，悔後旋爲絶筆時。手自一編餘向慕，人從萬死辨鬚眉。丈夫不作尋常計，男子當爲天下奇。詩爲公傳詩不朽，公詩千載付吟思。

其　二

孤城獨守行偏完，城破身危事轉難。司理官卑民望著，强兵手刃賊心寒。當年後死人何在，此日先生淚未乾。萬姓無殘臣力盡，一身寧殺有餘歡。

其　三

臣忠無愧孝無愆，忠孝無歧本自然。人苟辱身親已辱，公能全分性皆全。丹衷直揭雲霄上，碧血常留宇宙間。既死一生心事足，了無遺憾到重泉。

其　四

寸心炳炳照天壤，一死千秋足紀綱。骨朽仍留碑碣在，官輕偏覺姓名香。至誠難與齊貞節，舊吏同甘就殺場。配食音容看肅穆，春烟秋露碧天長。

陳文昭景山，漳州人，協鎮

墓草年年緑，刀痕血益多。赤心争日月，浩氣壓山河。此頸偏能斷，惟忠不可磨。至今城闕下，千古醴靈坡。

又

勢敗城危守將馳，才高管樂計安施。慈親不顧惟忠國，赤子難忘願碎尸。澤普星沙今尚在，心同金石豈能移。九人曾讀田横傳，共向冥冥報主知。

又

忍舍親恩甘盡節，從來忠孝不能全。文山爲國家全殁，蘇武回朝母亦捐。獨羡蔡公忠最烈，還欽九役義堪傳。湘江水作傷心淚，灑滿春山變杜鵑。

趙曾益魯菴，吴縣人，長沙同知

朔風吹霰雲成陣，祠宇森寒相蒼勁。日暮神鴉啞啞飛，理靈坡畔生青燐。摩挲石碣苔蘚斑，懷古愴然心起敬。當時忠烈遇何窮，守土罵賊以身殉。僕隸義憤死不難，從容後死以埋殯。可憐碧血化何年，氣塞乾坤得其正。笑彼先民肉袒降，噫嘻久已成灰燼。

林元定泉州人，武崗同知

先生何事殞孤城，只爲丹心貫帝京。眼底黎民恩大被，刀頭逆賊膽先驚。悽愴寄母瀟湘冷，凛冽酬君日月明。郭外荒坡藏魄處，乾坤萬古一忠貞。

又

自古顛危草木愁，江門獨石砥中流。鬚眉不恤乾坤眼，手足難堪江上秋。白骨凄寒千士膽，赤心先照五雲頭。廟廊紅日西風烈，滿地悲歌事未休。

李　拔峩峯，劍南人，長沙郡守

年少牧民日，曾聞國士風。悲哉忠孝志，殞此亂離中。碧血湔青草，丹心映白虹。先亡看早辦，慷慨托詩筒。

其　二

共此孤城寄，其如惜死何。衣冠幾腐鼠，荆棘又銅駝。浩氣延殘國，忠魂暗怒波。湘江鳴逝水，長繞醴靈坡。

其　三

聖朝嘉苦節，宸藻慰孤臣。已壯山河色，還依屈賈鄰。祠在賈太傅宅旁。男兒原自好，公題李忠節祠堂句。往事不堪陳。丹荔秋嘗薦，遺民涕淚頻。

李鍾份秘園，安溪人，刑部郎中

公，同郡晉江人也。余稺齡赴郡應童子試，游城北朱子小山叢竹書院，見旁有公祠，友人爲余言公之義烈耿耿。余敬之、歎之、感慨繫之。後又有友告余曰：昔有吾鄉兩截顯宦過楚，舟泊河干，忽颶風大作，矛椿弗禦。問舟人曰："此處有何神廟？"或告之曰："有蔡江門公祠。"顯者曰："吾往謁之。"遂入祠，祝曰："君自流芳百世，我當遺臭萬年。"長揖而出。風恬浪静，星夜回櫂。余聞而疑之，意公不如是之淺也。旋思薰蕕之難相近，彼自戾氣感召然也。余離鄉日久，微宦十有餘年，歷游於齊、魯、燕、晉之間，皆爲刀筆末吏，不足爲里閭齒。乾隆八年春奉命副阿少司農鞫案長沙，居近三月，事竣之後，得赴吾鄉會館，見桑梓人知公祠處，進而瞻拜焉。及讀公之詩，深佩有晚唐遺風。第旅色匆匆，竟不得以一尊灑公塋，心甚悵然，謹賦八韻，留於祠壁，以誌意云。

功名富貴羽毛輕，義膽忠肝見性情。季祚烽烟頻日警，孤城士女幾回驚。存心報國身前事，矢志捐軀没後名。人世百年誰不死，公今千載獨如生。歲寒松柏蒼千仞，板蕩詩書拳一擎。節並遠巡南北比，烈同劉李後先鳴。閩山閒氣楚山傑，湘水鍾靈晉水英。我適皇華瞻座右，敬公慷慨百吁聲。

倪康年善化人

孤城獨死守，大節過張巡。實足誇千古，何專重八閩。

又

肅衣下拜弔遺踪，天禍前明降鞠凶。大將同心王子在，還殲逆首建功宗。

又

鬼神悲泣動天昏，死後無童可應門。今古偷生皆已矣，留將殘骨振乾坤。

又

仙風飄渺白雲高，何事招魂到楚皋。帝賦玉樓虚左待，沉淵還笑作離騷。

又

殉難爲臣職，何人並我公。四方飛赤羽，獨力挽蒼穹。墳有千刀骨，門無三尺童。常山舌上血，先後自同風。

又

休云風不競，有此壯江城。爲國情何重，全家念已經。淚枯慈母血，哭失後人聲。枕秘遺編在,淒淒紙欲鳴。

黄　梓北山,莆田人

有明殉節莫如公,青史標名自不同。司理潭州非重寄,甘心受磔作精忠。

又

殉難尋常事,如公死更奇。孤身持社稷,獨力守城池。舌割喉猶罵,肉刲志不移。生全十萬户,千載覯芝眉。

又

社稷山河人不守,獻賊未來衆先走。荷君厚禄捍君危,不然安用大臣爲。潭州司理輕如葉,自任前驅言喋喋,城陷身亡甘受磔。蔡忠烈,身非勇,心非怯,千年禋祀城南側。

又

議計保星沙,擁兵保其家。議計非巡遠,權臣尚自誇。議避生,議戰死。生國姦,死國節。忠與姦,任人擇。天下事,久乃見。不見姦臣生,但傳蔡忠烈。

林　黌愧庭,莆田人,通判

獨力扶危莫與援,賊氛荼毒慘難言。書遺報母惟含涕,膚磔酬君只戀恩。千載日星昭浩氣,三湘風雨泣忠魂。醴靈坡下餘抔土,猶剩當年碧血痕。

其　二

曾披誌傳仰精英,展拜松阡淚滿襟。人盡偷生忘節義,天遺劫運顯堅貞。孤城誓守争尸祝,九役同殉自性成。烈媲睢陽真不愧,楚山閩水永垂名。

胡虞繼芝盧,湘潭人,進士,任宜黄令,和學使袁鏡池先生韻

展拜斯堂繼者難,九原漠漠涕猶寒。臣心此日何嘗死,賊黨當年枉愛官。星渚泥沙沾血碧,潭城烽火照心丹。君恩地下長依戀,忍割慈幃菽水歡。

其　二

千古文章節義兼,叢祠香火肅觀瞻。湘江九折神偏壯,嶽麓雙峯勢正嚴。

白白刃飛頭不轉，明明舌斷語猶甜。當時多少談兵者，枉自探符握寶鈐。

其　三

同是衣冠七尺身，百年誰復氣猶新。無雙淮北撑天手，第一常山駡賊人。高塚纍纍分海嶽，孤忠耿耿貫星辰。只今論定還青史，取義成仁兩不湮。

其　四

荆棘銅駝失俊雄，枝頭野鳥笑春紅。理靈坡下猿啼月，賈傅祠邊日貫虹。代有名賢思弔古，才如惜逝紹高風。千秋謫宦長沙地，此例還如一轉篷。

又丁亥春客泉州，夜讀公傳，感賦二律。

蔡公壯節凌千古，把讀遺編一泫然。舌並常山曾駡賊，命偕燕市豈悲天。叢祠肖像尊香火，兩地招魂重墓田。憑弔孤忠增感歎，夜闌聲影到鐙前。

其　二

讀罷遺編把卷歎，凄凄簾外漏聲殘。殉忠舊案身前定，正氣新歌悔後刊。萬里魂歸閩海闊，千秋血化楚燐寒。蕭條六十餘年事，青史于今正耐看。

李爲觀泉州人，武陵令

萬古英名在，空堦血跡留。聽猿頻下淚，聞雁却驚秋。冰魄瀟湘老，丹心碧落浮。徘徊憑弔望，漢水日悠悠。

林紹祖龍溪人，醴陵令

舌斷忠心在，長城誓不開。乾坤凝節氣，星月焕燐灰。名顯閩山道，魂歸楚夜臺。先生千古歿，湘水尚餘哀。

張天如念齋，浙江會稽人，長沙令

血濺千載心，骨掩一坏土。上以報國恩，下全十萬户。陰風捲靈旗，鬼火熄荒塢。鬱鬱醴陵坡，春深號杜宇。

黄文英卓人，善化人

提兵觀士馬，披甲恨先民。拜爵同明主，甘心作虜臣。偷生羞負國，後死屬何人。堅壁江潭上，千秋憶遠巡。

蔣　晟福州人，醴陵令

醴陵令陟醴陵坡，再拜英墳哭後歌。忠烈芳聲標鐵券，秋風衰草没銅駝。一親免難魂差慰，九役同殉義足多。日暮行人頻指點，謾將張許較如何。

其　二

孤忠臨敵計深沉，城陷身灰萬載欽。縱使千刀能碎骨，任教百折不移心。鬼當静夜鄰祠哭，氣貫青天白日陰。戰守若行公一策，妖氛未必得相侵。

劉介臣閩南人，安化令

獻賊環攻急，城傾刁斗屯。乾坤憐落日，風雨泣孤臣。有死殉君難，寧生戀母親。計全十萬户，輕此七尺身。烈氣排銀漢，丹衷照紫宸。理靈一抔土，嶽麓並嶙峋。愧煞投誠賊，甘爲賣國人。不如凌瑞甫，猶爲主成仁。

林宸佐畊州，莆田人，興寧令

蒿目心傷十萬家，妖氛當日散星沙。巖巖浩氣垂霄漢，落落孤忠歷歲華。廟貌不衰新黍稷，山川猶憶舊桑麻。捐軀報國如公者，司理風高千載誇。

方　伯湘潭令

血食潭州十萬家，烏紗凛凛碧籠紗。天高淚落秋冬雨，江遠波翻荻蓼花。駡賊報君驚合幕，封書寄母痛歸衙。即今郭外遺悲恨，半夜泉聲咽白沙。

林原洙福州人，武陵令

仗節孤城答聖皇，英風凛冽滿瀟湘。名同張許冤彌慘，念切生靈死不忘。炯炯忠魂光夜月，巍巍浩氣遏秋霜。只今入廟重瞻拜，猶令英雄意徜徉。

鄧士鵬上伯，泉州人，會同令

忠孝爲人第一儔，捐軀以外復何求。孤城民社生前恨，古廟衣冠死後留。

饑溺寸心同此急，功名兩字未全收。長沙幾度欽桑梓，夜雨蕭蕭淚不休。

吴　璉龍巖人，衡山令

張許今爲烈，潭州故事新。乾坤雙墜日，心血數行真。至性頻思母，殉亡只盡臣。禮瞻者誰氏，入廟凛君親。

洪芳少洛春，長沙人

舌繼常山誰駡賊，獨餘司理血縱横。君恩母養生前志，楚水閩山死後名。誓有一腔酬故國，愁聞三户哭孤城。忠魂弔罷衣冠肅，怕憶當年戰馬鳴。

段繹祖念菴，雲南人，興寧令

先王父諱高選，謚恭節，明萬曆己未進士。筮仕巴蜀，適天啓辛酉奢酋亂，一門靖節，事載《明史》，與忠烈公同轍。兹讀公傳，不禁感慨繫之。自愧不文，敢效顰以弔。

捐軀報國古今奇，况復孤城一力支。寧别高堂甘盡節，忍忘丹陛陷羣黎。頻加白刃聲尤厲，獨凛青霜志弗移。正氣烟雲常不散，朝朝飛上嶽山厓。

其　二

繡虎才雄八閩馳，如何出守際艱危。嚴頭嵇[1]血堪千古，孟義孔仁盡一時。九役更能殉主難，百年不愧附忠祠。嗟予先世曾同轍，讀傳潸潸動所思。

廖時霖雨山，安化人

于誰見危而致命，乃公殺身以成仁。一腔碧血流三楚，千載丹心照八閩。莫恨將軍輕賣國，却缘板蕩識忠臣。當時誰不從灰劫，砥柱狂瀾獨一人。

蔡　瀛愧步，莆田人，公從姪孫

星沙臨難一孤臣，大義堪爲萬古人。辭母盡忠難盡孝，事君知節不知身。

霜寒九役心中鐵，名著千秋史上珍。讀得從君忠烈傳，楚山杜宇自啼魂。

朱　鵬莆田人

捐軀矢節尋常事，慷慨如公古所難。舌斷肢分無脞志，仁成義取有餘歡。血流湘水江同碧，心照天墀日亦丹。贈典已存青史恨，理靈墳畔氣猶寒。

陳濬穀常一，莆田人

萬里山河信莫支，問誰慷慨任驅馳。凌霜正氣公惟凜，貫日孤忠賊亦悲。荒塚定須呼壯士，玉樓終不作頑兒。千年城闕英雄死，剩有聲名百代知。

又

自來稱忠烈，江門更奇異。國步既維艱，獻賊勢已熾。盡力披堅奮勇智，罵賊如雷聲不置。無知逆黨逞鋒鋩，鐵石心腸終不避。千刀骨碎尚揚眉，九役相從死共隨。血染熊湘天地暗，氤氲凄凄草木悲。君不見公年未三十，奉母命，報君恩，貞莫及。生八閩，死湘水，直如雲中看鶴立。吁嗟乎！醴靈坡上餘芳草，吹落楊花當紙錢，一任清明人祭掃。

黄　梅莆田人

英雄建業隨遭遇，江門先生身死處。天下忠烈自有人，先生特紹叔章事。昔年來謁先生祠，今年復拜先生墓。願人氣節學先生，不僅區區弄文字。

陳浩然集人，莆田人

先生瀝膽報明君，九役同殉世罕聞。畫策敬陳彪虎陣，揮拳獨抗犬羊羣。剮心噴血啼秋鳥，遺恨沖天黯暮雲。草木至今猶慘淡，不堪憑望楚江濱。

黄夢覺藹吉，善化人

蔡公祭田糧四十石有零，乃先伯熯、先父燾所捐。亂後爲人隱佔，閩人客斯土者不能與之争。夢覺遠遊歸,持原契出質,方得歸祠,然亦僅存什之二三耳。賦此誌感。

城陷身危志愈堅,膝經賊劚更揮拳。一生事業千刀斷,百鍊筋骸萬死捐。耿耿丹心留赤舃,淋淋碧血湧黄泉。理靈坡上忠魂在,奸猾何因廢祀田。

胡方禮秩宗,長沙人

天生英傑運謀深,戰守空勞淚滿襟。刀鋸不辭存正氣,磔刲含笑本貞心。湘流不減前時恨,嶽岫猶啣此日陰。名教若皆懷報國,狐羣何自敢相侵。

洪遠韻採蘭,長沙人

獻賊環攻勢欲傾,長沙鼓角動悲聲。征旗落日迷蘭芷,戰血横江染荏蘅。三户無人同四役,殘魂有望到邊城。荒丘舊祀今猶在,一曲哀歌付賈生。

洪石霞逃訪,長沙人

憑高哭罷正黄昏,蔓草寒花淚有痕。不見孤城環鐵騎,空留枯骨葬平原。啼鴉夜夜悲亡國,亂雨年年泣斷魂。試看瀟湘江上力,至今猶憾蔡江門。

顔楚勳介軒

不幸遭時難,存亡孰重輕。仁成洵可死,義在必無生。浩氣凌天表,丹心貫日精。常山留一席,千古共標名。

又

連城盡萑葦,力殫勢難持。莫道一朝節,猶堪百世儀。匪堅金玉質,安表雪霜姿。凜凜湘江上,英風日滿旗。

顔　芳梅川

霜勁獨摇草,天心方薦瘥。不辭碧血淚,亦奈蒼生何。苦節寒山竹,貞魂遠海波。懦頑相感激,氣義未消磨。

丘希岳如金,漳州人

正氣盟河嶽,丹心照太空。有身殉國難,無計養親終。夜月飄魂碧,飛霞噀血紅。可憐當日事,肝胆許誰同。

又

禦敵曾期百戰功,奸臣誤國陷英雄。嶽雲黯澹忠魂瘦,湘水暗暗血淚紅。萬死不甘三户盡,孤城誓節九人同。空餘芳草埋幽骨,正氣常伸滿太空。

李　佐良哉,麻城人

潭州春冷荻蘆蒼,晴日吹笳動弔埸。影暗忠魂憑草緑,精餘血淚潑山黄。赤身只顧關河重,白骨銷因君父長。六十年來城上事,崎嶇轍跡盡螳螂。

其　二

義膽忠肝骨亦香,江門千載對瀟湘。劫灰不死刀頭血,罵賊還餘舌上鎗。只此長沙一塊土,可争司理萬年霜。當時亦號多戎馬,何故將軍讓蔡郎。

其　三

長城荒月照黄昏,光透衣冠廟貌存。百戰無人堪罵賊,五陵有客便私奔。念年公已輕生願,三户民猶拜死恩。明帝至今靈未散,孤忠萬里祀江門。

其　四

獻賊旌旗湘水渾,長沙殺氣滿江門。空留舊祀燈千載,剩有先明月一村。四役舍生能葬骨,五人伴死莫招魂。還思殉難當年事,回首孤城不可論。

汪公銓審言,益陽人

有明忠節首江門,狼毒妖氛也喪魂。舌劍唇鋒猶斧鉞,身輕百磔獨心存。

邵崑玉福清人

捐軀詈賊等無身,一死從容有幾人。千古流芳青史筆,長懸冰魄耀南閩。

石文成閩涿，安徽人

松柏何蕭蕭，云是蔡公墓。背踞醴陵坡，前臨芳草路。緬昔賊焰張，蜂擁競南渡。赫赫兩藩王，遁走不相顧。千鈞繫一絲，嬰城誓守禦。有母不能養，戀此千萬户。孤城等枯朽，一身甘湯鑊。寸磔非所恨，恨爲先民誤。幕下卒九人，人人就刀鋸。國俊更英奇，從容義獨赴。俠骨振乾坤，大節光國步。英爽載雲旗，陟降飄靈雨。咫尺李潭州，精魂應相聚。巍巍墓門高，長與嶽麓峙。

蔡　洛雙溪，善化令，公之從姪

二氣兩儀分，中涵只一理。理氣滚成團，生物皆根柢。何人不有氣，恃理得其正。只有不正氣，無有不正理。正理與正氣，相扶直到底。大哉此正氣，其在天地間，日星河嶽是。俯仰辨四維，上下縱横至。其在太平時，三皇並五帝。王謚霸已漓，流薄何所底。當其處常時，臯夔與尹旦，明良而忠聖，勤勞王室人不知。當其處變時，龍逢比干志，犯顔觸死誓不移。及其在晚近，外則敵國外患，内則亂臣賊子。在漢則蘇武，漢節自持，嚙雪吞氊，孤臣萬里。在蜀則忠武，出師二表，伊傅表裏，七擒六出，盡瘁盡死。睢陽戰苦陣雲深，慷慨罵賊，抉唇毁齒。常山太守顔杲卿，鈎舌不怵奇男子。舌血已枯，心血不止。更聞宋時李忠節，潭州一門盡死滅。帳下沈忠感泣血，受主之命殺主身，並其身家自殺滅，鬼哭神號天地裂。嗚呼忠烈公！疾風知勁草，世亂忠臣見。三年劬勞之恩，報母無日；十萬生聚之衆，遺黎可戀。有明三百年來，高官大爵，苟禄偷生者何限。耿耿孤忠，何處得此小小之臣，天胡不遣雷霆擊此獻賊與先民！可憐長沙城，寧爲江門死，莫作先民生。較之毁齒，而且截耳。較之鈎舌，而且挖睛。四肢全毁，五官盡傾。李公之死家滅，蔡公之死身滅。李公之死，殉難者沈忠，上及寮佐，下及庶民。蔡公之死，從容就義而死者淩國俊，而同時而死者又有九人。目擊之民，飲泣酸辛。是皆潭州凄惨事，而傳爲美談者至今。嗚呼！公歿之辰，晝日無光，厲鬼夜哭。屈賈祠中，爲子死孝，爲臣死忠，死真何妨。理靈坡上，枯松折柏，一抔流芳。令我讀《正氣歌》，而有懷於文文山之勁節高風。語其心，即諸葛武侯之心；語其節，即蘇典屬國之節。龍逢比干，當其時可一體觀。臯夔尹旦，易其地莫作二看。地維賴立，天柱賴尊。安得上游古皇遠帝之世，而人人個個皆有亘古不磨之心。

黄之淇孚武，邵武人

明季顛連煽逆氛，塗肝染血不堪聞。楚南城堞餘多少，半壁瀟湘剩幾分。只有星沙攖死戰，得無俠氣篆層雲。江門節義空今古，千載詩文哭蔡君。

劉　煌贊孟

司理長沙地，孤城遠待援。妖氛多未靖，時勢總難言。仗劍心殊壯，登陴敵已奔。奸臣真可戮，賣國陷江門。

其　二

親恩雖罔極，報國適於斯。兩願生難並，千刀志不移。舌刲猶叱賊，肢斷復揚眉。鬼哭憐忠烈，殷殷屈賈祠。

其　三

望闕長稽首，膺鋒獨裸胸。成仁當慷慨，取義更從容。祠冷瀟湘雨，風高嶽麓松。冠裳猶自昔，剩有白雲封。

其　四

細雨連朝始放晴，閒尋古廟拜先生。堦前草色春猶緑，檻外風聲水自清。宅傍賈生憂國計，官推司理正年英。數重鐵騎孤城下，抗節千秋振有明。

其　五

忍訣慈親繕甲兵，衹因報國一身輕。千刀有志生前事，九役同殉死後名。剩有題詩驚彩筆，空聞隔葉囀黄鶯。纖塵不到閒庭裏，依舊春風故國城。

張國統鳴臯，汀州人

正氣通霄漢，孤忠耀北辰。理靈一抔土，千古姓名馨。

張起鵬伯秋，莆田人

殉難違親養，捐軀報主恩。孤忠天盡黑，正氣劍能吞。有舌任他斷，無喉尚欲言。當時多國賊，忠孝見江門。

其　二

可惜蔡江門，名垂青史存。商風悲節烈，血淚注忠魂。今古人知敬，春秋酒薦尊。夜來明月下，遠憶理靈墳。

姚曰都新安人

嶺海多神氣，英靈降嶽精。文章起後哲，忠孝本天成。直道明刑理，高風貫日晶。臨危無苟免，靖難爲蒼生。忍別違慈母，分身答聖明。彝倫昭大節，千古仰芳名。

過長沙弔同鄉蔡江門先生　　顔儀鳳

明季等衰周，積弱有自始。太平不知兵，賊盜四方起。公曾仕長沙，獻賊久虎視。一朝捲土來，孤城復何倚。公出殊死戰，辟易三千里。力窮城乃陷，孤忠天日矢。叱咤聲逾厲，凌遲心無悔。死視睢陽酷，節直平原比。丈夫七尺身，公真不愧矣。公《悔後集》有"丈夫飄然七尺身，今作蛾眉誤嫁人"之句，蓋傷遭時之不幸也。我聞公年少，白面書生耳。放誕是平生，經濟幾曾理。詎知臨大節，屹如介石峙。戰守憑指揮，利鈍不逆揣。破賊雖無成，亦足雪國恥。方袍圓領輩，有誰解辦此。更憐公隸卒，公死當立侍。忠義相感觸，有如風激水。視死竟若歸，甘同作厲鬼。草野識尊親，正氣乾坤忠。精靈應依公，千秋歆楚祀。

讀江門先悔後集　　顔百揆

司理獨撑虎豹師，孤城已陷力難支。長沙不了生前恨，晉水徒存悔後詩。氣凛冰霜忠節厲，光摇河嶽筆花奇。吟餘漫結羹墻念，獨對秋窗有所思。

孔昭虔闕里，臺澎道

山海鬱蒼蒼，先生此發祥。臣心徵國史，天語耀祠堂。子姓多名世，忠魂安故鄉。重新瞻廟貌，舊恨雪衡陽。

其　二

衡陽秋月白，海甸共清光。司理威名重，忠魂血食長。几前綿俎豆，世上幾滄桑。頑懦應同激，千秋爇瓣香。

魏　瀛衡陽人，晉江令

醴靈坡上一抔土，先生衣冠葬其所。我昔再拜謁高墳，煌煌天語揚芳芬。忠魂照澈洞庭水，義膽裂破衡山雲。孤城可守命可寄，白刃之蹈非公志。節士由來輕一死，如公一死不苟耳。握拳透爪顔太常，嚼齒穿齦張睢陽。蹙鼻猶作罵賊壯，沅芷澧蘭爲惆悵。碧血可能報君恩，白頭不得顧母養。須知殺身以成仁，事君不忠辱其親。古來大義原如此，惟公顛沛必於是。公死及今百餘年，烈烈英氣如生前。先民遺事竟成冤，颯颯松濤猶怒號。《湖南省志》載尹先民翻城應賊，而《晉江邑志》以爲不降賊，絶食而死。爲忠爲孝，竟成疑案。善善從長可也。溟海深，楚水長。公莅吾土，吾來公鄉。重瞻廟貌一翹首，爲我勒石示公後。

悔後集附録序傳輓章跋

［跋］

念祖十歲時，從陶師受章句業於江門先生祠。祠有與張鐵三匾額，不曉其義，詢之長老，長老告余曰："此皆古忠臣也。"余心敬之，而未知其所以忠也。比長，考之前史，粗知張鐵行跡。而江門先生事亦備載府、縣誌中。辭母養，報君恩，寧剮我，毋殲民。偉哉忠乎！可以不朽矣！

甲寅以後，余授徒先生祠内，因得從蔡姓友家借讀《悔後詩集》，鈔録不及十之四五，然幽憂鬱勃、慷慨淋漓，已略得其大概。聞先生家居時，每月夜，乘桴登對門海中孤嶼，先生故居塔江海濱。劃然長嘯，繼弄鐵笛，空中神靈紛遝響應，率以爲快，興盡而還。又聞先生任長沙時，公暇輒手《離騷》一編。激烈殆本性生歟？抑別有所景慕於其人耶？詩以言志，先生之志見於詩矣。歲丁卯，偶於同學案頭檢得長沙重刻《悔後集》并附刻序、傳、碑記、輓章甚詳，三復流連，起敬起慕。因全録《悔後集》一編，復摘鈔傳、記、輓章之尤詳切者，僅得十之一二，附於集後。

嗚呼！先生忠心義節，炳於日星，本不藉詩而傳，又何有於哀輓微詞？然而感激向慕之情，則何能已也。居公之室，讀公之詩，想見公之爲人，亦庶幾起頑振懦之一助云爾。

嘉慶丁卯秋七月下澣，晉江後學黄念祖謹誌。

跋

古忠臣節士，一至之行足以充塞天地，照耀宇宙，不必定以文章重。然論世者，苟得其一二殘篇斷簡，則摩挲愛護，欷歔憑弔而不能已。吾楚固騷人之國也，哀湘弔郢、怨芷吟蘭、香草美人、芬芳悱惻，而靈均之忠誠悃款畢露於二十五篇中，遂凜凜與日月争光。假令世無《離騷》，風雅且將中歇，區區汨羅之沈，亦何異於匹夫溝瀆！然則，文章之所關，顧不重哉！

嘗聞古先言，蔡江門先生少時喜讀《楚詞》，曼聲微引，聞之凄惻欲涕，識者謂其有楚音悲激，屈、賈前身。其後果以司李殉難長沙，死至烈。公自訂《悔後集》，康熙中有重刊本存公祠堂，詢之寺僧及長沙士人，無有能言之者矣。今年春，余承乏溈西，鄧湘皋學博適司斯鐸，一日持《悔後集》出示，蓋得之趙君蔭甫者，湘皋又爲之編次、綴輯，將謀鋟版。余見之忻躍，謂此舉亟不可已，爰約胡君竹安、陳君東屏及蔭甫共襄斯役。數君與余同官楚南，皆與湘皋善。湘皋好古博聞，近增訂《楚寶》一書，拾遺補缺，不遺餘力。是集之刻，亦其矜尚名義、表揚前哲之一端也。

道光十一年嘉平月，興國方炳文謹跋。

跋

蔡江門先生，死明季之難，長沙婦孺能言其詳。予嘗一謁先生廟堂，瞻其遺像，貌美皙而眉目清奇之氣咄咄逼人。肅拜低迴，想見切齒罵賊時也。道光五年，於友人處得滇南周二南《瀏陽死事實紀略》一册，内載江門先生一聯"此血千年應化碧，回頭一笑獨留青"，句意之奇妙，非復人間語。竊惜所傳止此二句，耿耿不能忘，遇寅好之籍閩者，輒問先生有遺集否，訖無知者。越五年庚寅，有友自長沙來，手一編相示，則江門先生《悔後集》也，爲狂喜欲舞。詩止數十篇，各體略備，蓋刊自康熙四十四年，紙雖敗敝，而性堅厚，字跡古秀，刻手極佳。詩致峭拔，如孤雲行空，如幽泉激石，如絶代佳人天寒倚竹，如入秦壯士渡水生悲。"斷碑有氣生春草，古瓦無痕繡紫煙。樵眠有路無心得，僧老何年帶雪歸。"戛戛獨造，無一字一句在人意想中，類如此。《悔後集》自序只百餘字，餘味曲包。大旨謂：今日作，明日悔，心之虚，亦才之大。

嗟乎！古忠臣孝子，生氣滿天地，亦何藉語言文字流傳！後人傾慕之極，於忠臣孝子，樂搜羅其語言文字者，蓋大節所彰，仰如日月，尤欲於歌吟之末，一覽鐵石心肝也。香草美人、汨羅之幽魂如見，於斯編亦然。

道光庚寅仲夏之下浣，易州趙亨鈐謹跋。

後　序

憶弱冠應省試，至長沙，偕仲兄顯鵾雲渠謁蔡忠烈公祠墓，恭讀高宗純皇帝御製詩并序，及武進趙恭毅公申喬所撰《墓表》、《祠堂記》，肅然起敬，凄然欲涕。

道光己丑，余重修《楚寶》，於"宦蹟門"增輯《忠烈公傳》。又念周氏《楚寶》爲忠烈公督刊，讀其序，益令人神往。因思搜輯其詩文并各家傳志、弔輓之作，合刻爲《忠烈遺集》。上元陳子言元富告余曰："公不有《悔後集》在乎？余嘗讀之,如冰花鐵鏽,冷艷逼人。公天人也,不圖其詩之妙乃如此!”亟徧索藏書家不得。今年春,晤趙蔭甫明府亨鈐於長沙,語及,明府躍然曰:“余蓄此志久矣。”取篋衍所藏一册,鄭重出示,則《悔後集》也。頂禮捧歸,置案頭,焚香雒誦一過,如聞玉笥山吟《九歌》成,四山忽啾啾若啼嘯聲,不僅忠烈心肝如揭,鬚眉如生已也。

公集自序,始於崇禎壬午正月五日。次年八月二十六日,公殉城死。蓋距編詩之時,未二載云。是編重刻於康熙壬午,後公死時六十年。排次淩亂,殆非其舊矣。余乃以意重加差排,又徧搜志乘及各家私集,凡有關於忠烈事蹟者,都爲一集。正謀授梓,忽於友人左仲基宗植家廢簏中得其先世手鈔忠烈公《行狀》殘本,蛛絲煤跡間黝黚點黵,竭目力纔能辨識。而忠烈當日殉難情事及居官本末、守禦方略,委曲詳盡,纖細不遺,多世所不傳。乃嘆向之知忠烈者,猶未盡也。

《行狀》爲公子知遠作。公無子,此其所後之兄子也。文凡七千餘言,前缺一葉,與諸家記載略同。其敘次南、北兩撫軍畏葸退縮、棄城逃遁狀,不遺餘力。所稱北撫,即承天巡撫王揚基,南撫即湖廣巡撫王聚奎,俱見本傳,與史合。獨於尹先民無貶詞。蓋先民與公誓死守,公倚之如左右手。武夫不知大義,城破力屈而降耳。即《明史》亦止言先民出戰敗還,賊奪門入,先民降,無他詞。自丁中丞思孔《墓表》,有“先民翻城應賊”之語。而恭毅公則謂:“其與吉閣陰輸款於賊,及出戰詐潰,引賊逼城下。”末又云:讀《郡志》,山陰宋俊爲公《傳》,其言公被執,乃先民誘而縛之。審如是,則先民真狗彘之不若矣。《行狀》乃言:先民降後,哭曰:“吾豈負蔡公者?吾終必死,死當斷悞國者之頭!”所謂悞國,蓋指王聚奎也。其異辭如此。竊疑《行狀》出公子手。今按篇中所載,年經月緯,歷歷如繪,證以公集中詩詞,無不脗合。末云:“今春從父至星沙,舊役張啓元引從父拜墳上,其得詳當日事。乃啓元及百姓爲從父述如此。”又云“有陳嘉祥、王正期者,自裹糧護公骨偕從父來,共見大母及母,述公死時狀,猶哭不可止”云云。是當日見聞親,確宜可信。若丁、趙二公《墓表》,採自各家記載,而宋《傳》尤爲恭毅所本，因復取宋《傳》讀之，其中頗多不實。《傳》云：時太守堵允錫先事入覲，公時以推官權知府事。而《行狀》則云："九月，郡守堵公以覲行，公雖不視篆，而郡事頻仍交併。"今案公集，有《送堵牧遊北上》詩及序，并無權郡事語，知《行狀》之言信矣。又，宋《傳》云"公之自大理赴長沙也"，考崇禎十年，忠烈成進士，選大理司理，未赴任，旋丁外艱。服闋，選長沙。故公集中《壽周石拙》詩有"滇池不可到，使我來長沙"語，非至自大理也。又云"與其弟奉太夫人行至郡，聞流賊及江、黄，因遣弟送太夫人歸"，尤爲失實。考公爲司理時，將有督運通州之役，因遣婦奉母歸。集中有《通州之行不果，而老母已歸，書愁四首》，又有《堵牧遊以湘水清祖我去通州》詩，其明證也。至公兄弟三人，序居季，亦屢見公詩。而宋《傳》則謂"公有弟"，其言之鑿空難信如此。而恭毅即據其語以表墓，固宜其與《行狀》不合也。先民武夫，亡國之虜，何足深辨。特以見戎馬搶攘、山谷騰沸時傳聞異辭，紀載多失，實爲可嘆也。《行狀》又言："公有友三人，欲與公存亡。"今案三人者，一爲湘潭郭金臺幼隗，一爲善化馮一第榥公，即公集中所謂《馬踏夜望南皋燈火，疑爲郭幼隗、馮榥公讀書處》詩是也。其一不知何指。榥公後以駡賊死。幼隗本姓陳，爲國朝恪勤公鵬年曾大父，與榥公同作代古詩，忠烈公嘗序其集者也。爲忠烈作傳并刻公詩集，曰："詩存，亦可謂不負公者也。"《行狀》又言："從父欲開墳取骸骨歸，百姓依依不能舍。舊守堵公、通判周公重違百姓意，乃具衣冠藏於故處，改醴陵爲理靈，爲銘志之。"是公骨已歸閩。今案劉友光祭公文，有云："六月十一日，公兄元昆馳義興堵公所撰墓銘來，始知以是日虚葬公於郡城之醴陵坡。"友光，字杜三，攸縣人，亦名下士，與公爲詩友者。今集中有《鄂城寓中劉杜三函寄酒卮》詩，言虚葬，則其歸骨可知。又與《行狀》合。今國人皆信公墓在此，絶無有知當日歸葬於晉江事。丁、趙二公去公死時差近，亦未深考，何也？元昆，公母兄，集中《書扇頭送元昆兄歸舍》詩，即《行狀》所指之從父其人也。又《行狀》載公題李忠節公祠壁詩，有"許多上座薪誰徙，正在中流楫自呼"之句，詩不見《悔後集》。今從寧鄉黄氏得一殘缺鈔本，中有此詩，題作《渌江道中》，"楫自呼"，"呼"作

“悲”。亦載《長沙府志》，今集中補遺一首，是也。又考當日從死九卒，僅淩國俊一人見《明史》本傳及他記載，餘無考。《行狀》於國俊之外，有李師孔、陳賢二人姓名，皆方志所未及，此文出，可補史傳之缺，可訂記載之譌，得非忠烈公靈爽式憑？故因余遺集之刻，不先不後而出耶？噫！異已刻成，敬識其緣起於後。

集不分卷帙，凡爲詩一百三十七首，詞三首，補遺詩一首，文四首。卷首恭録純廟宸章，次忠烈小像，次《明史》本傳，次《行狀》，次《墓表》二，《祠田記》，次《别傳》二，次《祭文》，次《書後》，則顯鶴增訂《楚寶》宦蹟書忠烈傳後之文也。次序文四集，後附録逸事二則、考異十三則、《殘詩跋》、《淩國俊傳》、《殉忠録序》及堵義興以下弔輓諸作。此外，尚有堵公墓誌、郭幼隗撰傳、桑日昇《江門紀遺》、毛西河撰傳，今俱未見，俟續求得增入。

開雕於道光十一年辛卯秋七月，其年冬十有二月朔竣工。首其事者，易州趙亨鈐蔭甫，助之者，興國方炳文梅丞、鎮海胡鈞竹安、義烏陳坡東屏，四君皆官湖南縣令有聲。繪像則桐城闞嵐雯山，校字則寧鄉黄本驥虎癡、劉基定子復，皆有功於是書者。而編輯則新化鄧顯鶴湘皋，官寧鄉訓導時也。

是歲臘日，顯鶴謹識。

案：《行狀》：“有友三人，欲與公存亡。”余初度公至交無如馮、郭二子，故序中實以幼隗、棖公二人，其一不知何指。後得公七月二十三日《與人書》，始知爲蘇薦卿、吴弢熙、許若木三人。

後　序

道光辛卯秋，顯鶴有《蔡忠烈公遺集》之刻。其時，《行狀》前幅尚缺墓誌、家傳未備，又聞閩人言公詩文尚多，有《悔後集》外未盡佚者。山城僻處，無從蒐輯，時悢悢於懷。甲午冬，龔春溪學使來視學吾楚。學使，晉江人，與忠烈同縣。余私幸得就訊公本末，網羅散佚，聞所未聞也。已而學使同里巴陵大令曾雲崧維楨去官，將歸晉江，復與余遇於長沙，力以搜輯自任。逾年，從學使處寄到閩本兩巨册，則《行狀》暨堵文忠所纂《墓志》、周通守請旌《申文》，燦然具備。詩詞尤多楚本所未有，係康熙時黄君志璋所刊行者。黄君亦閩晉江人，其原序多殘缺，中言當日於敝簏中搜得《行狀》草稿，幾不可辨識，及散佚詩詞先後付梓，與顯鶴近日蒐羅重刻情事適合，既奇矣。又言公詩詞及書、啓甚多，今但刻其詩稿，書、啓則俟之異日。用是知公文遺佚者尚多，可慨也。曾君既以閩刊本寄余，又録示公《丙子寄兄書》一篇，即黄《序》所云“書、啓尚多”之一也。《書》凡數千言，益見公平日持守，道力毅然，以聖賢自持，非取必於一時者。比余既喜公集稍稍完備，因益考公出處、本末，凡紀、傳、方志、稗乘，有與公事牽連關會者，詳悉採入，纂爲年譜。草創未竟，適以事來長沙，遇南安李君峥嶸於善化縣署。談次，出示公癸未七月二十三日《與人書》墨蹟，益得證本傳、《行狀》所未及。凡年譜中罅漏舛譌，此書出，遂得彌補、是正。李君之官滇南，迂道長沙，又適爲風阻，不即行，因展轉得與余遇，若預知余有續編遺集，纂輯年譜之舉，鄭重相貺者然，不更奇哉？既摹勒此書上石，又續得乾隆間長沙太守吕君肅高重刻忠烈公弔輓集，中所載倪康年《忠烈小傳》，合之閩本及他記載爲前集所未收者，共若干篇，重爲排次，名曰《忠烈公遺集》。續編首《年譜》，次《墓誌》，次《申文》，次《福建通志・人物傳》，次《長沙府志・名宦傳》，次《小傳》，次《傳略》，次《募復祠田序》，次詩，次詞、賦，次《丙子家書》，次《與人書》，次原刻詩序二，次重刻弔輓詩序，次題跋、家書後二，次逸事，次弔輓詩，次後序。續有所得，仍以次編入，年譜凡三易稿而後成。與共商搉者，爲寧鄉黄虎癡本驥、善化勞星陔崇光暨家仲雲渠，蒐輯之勤且慎，同縣鄒赤績漢勛之力居多。刊行則漢陽司馬義烏陳東屏坡、郴州牧鎮海胡竹安鈞、桃源令鄞縣沈栗仲道寬、善化令興國方梅丞炳文，皆有功於是書者也。

丙申秋八月，顯鶴謹識於長沙寓舍。

書　後

新化鄧顯鶴子立

謹案：忠烈公蔡江門先生，以崇禎十四年來官長沙，時盜賊充斥，四海鼎沸，所部尤多盜藪，土豪奸儈皆思乘間竊發。先生至，蹤跡收捕，迅疾若神，盜風頓息，閭閻少安。又以其時，與郡人士往來酬倡，從容暇豫，若無事者。然迨獻賊逼境，守土皆遁，屹然以一身爲數百萬生靈保障。其殉難之烈，與李忠節公曠代同符。洞庭、衡岳間，七百年來皆兩先生忠義之氣所充塞也。伏讀高宗純皇帝弔蔡忠烈詩，其孤忠大節，赫然動異代。聖人之咨嗟而形諸詠歌，争光日月，豈偶然哉！先生葬城南醴陵坡，後以公葬地易名"理靈"。淩國俊諸人附葬公墓旁。國俊姓淩，湘鄉人，爲司理胥隸。《明史》誤作林。趙忠毅公謂"國俊爲幕下從者九人之一"。《書》曰："幕下者，貴之之詞，不欲以隸名之。"嗚呼！如國俊者，豈敢以隸名之哉！隸也，亦何累於國俊哉！

右《蔡忠烈公遺集》，都爲一卷，刻於長沙。既成，今兩江制府、宫保陶雲汀先生復寄示公《别傳》與當日同殉難諸公及幕卒各《小傳》，屬爲增刻。因復徧搜《一統志》、《通志》、《郡縣志》、《名宦傳》各條，采輯增入，其同時殉難名宦、鄉賢、幕卒，亦各以類附。又補輯逸事數則，增繪公小像一，與祠堂像並列卷首，庶冀公靈爽式憑，可以垂世行遠。此外，尚有《福建通志》、《晉江縣志》、《蔡氏家譜》及海内名家私集，紀載弔輓之作尚多，伏冀四方有道君子不吝展轉郵示，以便隨時登載，是所敬禱。

道光癸巳九月望日，鄧顯鶴謹跋。

重刻忠烈公遺集後跋

《悔後集》之刻前鄉先輩黄璞園先生宦湖南，曾付梓傳佈，後歸里倡建公祠於郡城學宫之東，復得遺詩授梓，同湖南刻版命藏祠中。嗣莆田黄公北山，亦彙刻先後弔輓公詩，合原集部分二本，是公之集久已炳燿於吾郡及楚南矣。迨今世遠年湮，鏤板寖滅，是集亦絶少概見。間有一二抄本及自外郡攜來者，以爲碩果僅存，珍若拱璧。故常有欽仰我公之忠，莫由覯讀我公之集，豈非吾輩之所愧歟？癸卯冬，安平諸宗裔齋頭集談，僉議捐資重鐫。凡前後刻本及諸抄本，搜羅彙輯，雖較前刻爲加詳，奈《行狀》一篇字頁殘闕，欲行訂正，末由檢校，因之稽延兩載，未得付梓。歲丙午，適吾邑壽臣黄先生，魁之師叔，是夏以給事中奉旨任廣東糧儲道務，自京過閩，携到一部，出以示魁。蓋湖南寧鄉縣儒學鄧公湘皋所編輯者，部爲四本，有前刻、續編之別。顔曰《蔡忠烈公遺集》。魁盥手捧誦公《行狀》一篇，本末備詳，併得所纂《年譜》一册，敬畏交集，喜出望外。因請借歸，恭行校對。凡有遺漏以及公鄉、會二墨，敬謹增入。至於弔輓詩，鄧本僅見幾首，兹就舊刻舊抄所載，併得諸近今者，悉録登上，較詳且多。全集略備，分爲六本，壽之棗梨，公諸同好。庶斯集既光於前者，益彰於後。而桑梓之邦，復得誦公詩文，考公行實，備稔我公當日捐軀殉國巔末，生氣猶凜凜在目前，未必非感激忠義之一助云爾。

道光二十六年丙午冬至後十日，宗裔應魁謹識。

【校記】

①“稔”：原文作“稽”，據文意改。

附録

賜進士湖廣長沙推官殉難贈太僕寺卿謚忠毅蔡公傳

盧若騰

崇禎壬午、癸未之間，闖、獻二賊，並流入楚，陷郡破邑，勢同燎原。維時文武將吏，殉節者不乏人；而最烈者，無如長沙司理蔡公。

公諱道憲，字元白，別號江門，吾泉晉江人。年十九，舉於鄉。二十三，成進士，謁選得大理司理，未任，丁外艱馳歸。辛巳，服闋，改理長沙。長地處藪澤奥區，人習攻剽，豪貴居之爲奇。前長吏雖有能發擿者，終莫制其死命。公下車，立擒黠魁，置之法，請託迭至，弗聞也，盜稍戢。有魯之俞者，自厭其所爲，逃入旁郡界，公召而獎勵之，令緝盜立功，俞感泣流涕，密疏群不逞黨與，及其藏匿巢穴以聞，盜夜發而朝掩捕之，無弗獲者。自是相戒屏跡。先是，吏急於擒盜，民爭以盜羅織仇家，非其罪而擬辟者八十人，株連繫獄者百餘人，公悉平反出之，遂有“蔡青天”之號。

郡初設客兵五百，以捍土寇；已而糧芻不繼，乃大爲民患。哨長周華宇，率其徒掠物於道，斃一人。公密令數卒縛華宇入署，其徒環集而譟，吏皆駭逸。公笑語之曰：“理官所奉者，朝廷三尺法也；爾曹五百人耳，敢殺天子之命吏爲亂耶?”衆語塞。公曰：“吾能爲爾曹地。”即令自陳，願歸家者若干人，立給路費遣之；其願留充伍者，如額餉焉。各意愜散去，然後論華宇如法，城村肅然。

吉藩分封於長，安影藉較衛，占奪田舍，無所顧忌。故事：藩府較衛，非請令旨莫敢治。公逕提究，不少假。王初不悦，公力言：“方今四方多難，小民能爲長上重輕，王縱此輩吞噬小民，即一旦有變，此輩能爲王保富貴乎?”王悟，諭自今不法者得自按治,勿拘故事。

當是時,武岡、祁陽民賊殺藩宗,匿湖蕩自保,有羅、簡二生者,陰煽郡民效之,人情洶洶。公召二生對飲,徐語之曰:“武岡、祁陽首難者,釜中魚耳,藩宗信爲虐,顧有院司、守令在,安得不一控告,遽自快所欲爲乎?生欲踵其轍,請入獄候訊。”二生力辯無之。公袖出一紙,則其同事主名,萃奸窟宅,歷歷具焉。二生大驚,以爲神明,叩頭出血,乞弭變自贖;公釋之出,而事定。會撫按以武岡、祁陽事委公覈究,匿湖蕩者皆喜曰:“蔡青天能生我。”争歸公自詣。公分别首從,仍爲白其不得已之情;撫按一依公所擬入奏,首惡亦自以爲不冤也。

茶陵、益陽、攸縣各聚黨數千,訟其長吏於院司,譁不可止,公馳諭之,皆俛首聽命。餉部馮某,抵湘陰以胥弊激民怒,至塞其門欲焚之。部堂莊公祖誨駐長,不知所出。咸云:“惟蔡青天可了此。”莊仗公往,則間道入城隍廟,召令問之,令懼且泣。已而民皆持戟來見,公曰:“吾單車來,奚戟也?朝廷爲爾民豢兵禦寇,以守令務姑息,粮糈不辦,特遣重臣敦其事。即司官胥吏奉行失當,要與守令貪墨致變者不同,爾曹遽圍窘司官,欲以何爲?朝廷恐諸縣效尤,必不能爲爾宥也。”語未竟,戟者半去裀,餘跪乞活。公取罪胥及倡禍者數人解部堂;莊公不欲竟其事,兩釋之,湘陰以寧。

有明經任祁陽令,性粗陋,謁上官不如禮;監司坐以假官,供黨與至百餘人,檄公窮治。召之到,則皆上農富賈。公曰:“此奸胥乘其刑憊授之者也。”釋去報命。而前讞者怒不解,令竟斃杖下,所供累無不傾家者。已而,令之家屬至,乃知其爲真令也。常德弁周晋,假闖賊焚劫,旋被擒,行賄獲縱,匿廢弁韓鴻家,公白劉按臺令擒殺之。劉邀公入常德安民,議增兵而難其餉,公條指某項虚冒可清察,某項在官可挪移。劉曰:“公察盤未歷常德,何以知之?”公曰:“此具載各郡志文册,某平時不敢一字放過耳。”劉大歎服曰:“公有救世之心,又有濟世之才,所造未可量也。”

賊躪中州,逼楚,民一日數驚。或謂賊且至,則争走入城,有棄擁擠掠負戴者。公知爲其訛傳,取襆被出城十里而卧;民曰:“蔡青天在外,無憂也。”乃相率還。壬戌秋分闈,以能得士稱。九月,郡守堵公胤錫入覲,公署篆。十二月,闖賊襲荆、承,獻賊犯澧、石、慈、安諸縣,湖南大震。荆鎮某,擁惠藩走長,一郡供應鎮藩,凋効萬狀。公苦心調劑數月,乃啓請惠藩移永,長民稍蘇。時急守城,而富者慳,貧者忮,議不决。公下令曰:"有警登陴垛,長日給穀一大斗,垛夫日給穀一小斗,穀取之富户,就地均輸。"於是貧、富胥悦,守備漸飭。

癸未五月,賊陷武昌,其民殺溺殆盡,北撫軍王聚奎率所部奔長,公力請還屯岳,則可以捍長而兼顧衡、永;撫軍以非封守辭。公曰:"北喪南存,不猶愈於南北俱喪乎?"撫軍詞窮,乃還岳,及賊息近,竟揚帆南去,亦不復抵長矣。南撫軍王膺命入境,湖北已壞,駐岳數日,檄徙長,公再上奏記謂:"岳宜固守,岳不守,長隨之,雖徙無益。"不報。而岳帥孔全賓驅萬騎擁撫軍偕來,所過二十里内,民間蓄積如洗。上江諸逃帥,亦各率殘卒,魚肉居民,奴隸守令,城内外吞聲泣。衡將尹先民,有能戰聲,公傾心結之;尹亦感激,折箭誓助。公申明紀律,諸悍卒稍戢。撫軍旋至,謁文廟,直指及諸道鎮守令咸集。撫軍問守長之策,公條列數千言,大略欲以吉藩居守,而文武自撫軍以下,皆聯營城外,背城臨塹,首尾相應。選驍鋭爲遊兵,賊攻吾北,則遊兵擊其南;攻南,則擣其北;稍卻,則城上戰士縋下繼之,飛礮助之,如此則賊必疲。彼所長惟梯衝、地道,防斯二者,技無所施,久而糧盡,必引去矣。撫軍曰:"守尚未可,何乃言戰;且如睢陽之守,當時議者,亦未必以巡、遠爲功。"公曰:"巡、遠保障江淮,自唐至今,未聞有罪之者。且不戰,烏能守?遠任守,巡任戰,巡大小四百餘戰,殺賊卒十二萬,唐史所載甚明,何得埋没。"撫軍曰:"今安得張中丞而守之?"公曰:"公毋薄待今人也,請諸大人居中調度,某願與諸將分兵之半,出要地拒賊。蓋今日事勢,與睢陽不同者三;尹子奇輩所將,皆番漢漁陽勁騎,獻賊所糾者,烏合耳。睢陽衆僅滿萬,而今合各鎮得三萬餘人。賊行無部伍,止無營栅,貪淫驕縱,非漁陽曳落河之比,我信賞必罰,俟間抵隙,破之必矣。"撫軍曰:"亦當更思良策。"公曰:"舍戰與守,而别求良策,非其所敢知。"因反覆涕泣,謂存亡繫於今日,决無再計。劉直指是公議,撫軍怒起。

七月，報賊入岳州，撫軍益懼，悉召將吏入城曰："凡言戰者，以反論。"吉王夜微服就見公曰："吾使人瞰撫軍，已治去裝，城危在旦夕，特來與先生一號別耳！"公灑泣，具輿馬舟楫送之。明日，遣十校尉、二承旨，致書招公同行，公再拜啓辭，王乃去。撫軍遂發所部，兵分水、陸二道，豎帥旗於水次，下令曰："吾親統軍任戰，蔡推官任守，城之完否，責有專歸。"公曰："岳陽未破，某力請遣將立營寨，飭江防，扼要待勞，而反撤兵入城，曰'言戰者以反論'。今去賊僅二百里，戰兵三萬，寂無調發，而獨率所部千人，親行陣，欲誰欺乎？請立軍令狀；若全師在外，與賊戰而城不守，罪在推官；若外兵潰遁，不顧孤城，責亦宜有所屬。"撫軍曰："唯唯。"於是交立狀，諸道將押訖，撫軍登車去，夜疾馳百餘里，天明入湘潭矣。在事諸人相繼去，無一存者。城中居民，哭聲震天地，公悉縱令挈家去，曰："吾死分也，何爲苦吾民。"獨先民所將三千人，誓死不去，公分佈城上，躬爲粥哺之。

八月十二日，賊至城下，衆數十萬，連營三十餘里，獻忠遥呼公曰："久欽高名，速降，當共保富貴。"公曰："國家德澤垂年，何負爾曹，而悖逆至是，不見古黄巾、黄巢輩耶？雖據州縣，僭位號，究竟首領不保，妻子就戮；足下及今改圖，尚可轉禍爲福。"獻忠大笑，其衆有侮詈者，先民射中獻忠馬，急入營。公謂先民曰："賊驕而無備，可夜襲。"乃選精兵二十人，夜開門突出，砍殺千餘級，未明引還。獻忠怒，併力攻城，晚復至城下，傳語曰："吾愛蔡推官，年少雅望，不忍攻。不然，何有此城。"公遣人應之云："若能爲攻，吾能爲守，城亡身死，勿復多言。"賊盡出其攻具，公隨發隨制之。又與先民各率千人，分門出衝賊壘，公大呼當先，士皆感激殊死戰，無不以一當百者，賊大亂，死者數千人。會先民被創陷圍中，公率所部往救之，亦被圍；自午至戌，始合師突圍，出至城門，存者數百人耳。自是晝夜攻擊，士死傷過半。

二十四日，賊爲地道穿城，城中皆賊。公乃釋戎服入署，具袍笏北面再拜曰："某，君、親兩負矣。"遂被執。獻忠親解其縛，曰："吾當重用汝。"公怒罵，求速死。獻忠令人引去。監之王道門。遣其黨百計説降，閉目不應。明日衆擁先民至,公視其衣冠如平日,知已降矣。先民跪欲有所言,公怒,蹙其牙流血。先民哭曰:“吾不敢負公,終以死報公耳。”於是衆復以公見獻忠,公極口罵詈,目眥盡裂。獻忠曰:“若不知吾屠武昌耶? 若頑抗如此,吾當盡殺若民。”公哭曰:“寧寸割我,毋害百姓。”獻忠怒命剮公。公笑受之,不作痛楚聲。獻忠復下堂爲好語誘公,公噀血叱之曰:“吾必爲厲鬼殺汝!”獻忠大怒,拔所佩刀擲中公胸,忽血濺其面,昏仆良久,始甦。遂磔裂公屍,時二十八日午時也。

初,衙卒林國俊、李師孔、陳賢等九人,侍公不去,至是賊并殺之,已斃其五,尚四卒,忽奮然曰:“容葬主而後受刃。”賊義而許之。於是四人解衣裹公血肉,葬之城南醴泉坡;事畢,俱自經死。先民聞知號哭,不食數日,賊惡而殺之。城内外及各屬邑村落市鎮,無少長,皆哭失聲。十二月賊去,士民聚哭墳上者,復數萬人,並葬林國俊等九人於墓側。次年正月,王師復長,三月,諸公還任,從父老之請,建公祠。公所厚馮子棖,從公死,遂以從祀,改醴陵坡爲理靈,以爲司理之靈也。諸屬邑亦各建祠如郡城焉。

公天性至孝,幼體太公因心之友,憫從昆弟之孤,待之如同胞。初舉孝廉,即合居共爨,絲粟無所私。居太公喪,哀毁骨立,卒哭謝弔,率徒步拜門,人多其能循古禮。理長時迎太夫人就養。壬午,以敏練見推,當遵制運餉入京,乃遣夫人奉太夫人歸家。已而院司留之,不果行。以亂形已見,不再迎養,然見太夫人坐處,輒涕不止,題詩署壁,聲淚如新。

平生書過目不再讀,走筆成文,累千言不易一字。詩蒼深秀拔,無近代氣色。筆法遒逸,得其手札者,寶同珠玉。豪於游,登峰溯源,務窮險奥。試駿攜妓,不滯風流。談古昔興衰成敗,感慨悲歌,有恨古人不見我之意。聞時政得失,如身任其際,必展轉籌畫其可以濟人利物者。剖斷訟牘,出數語而兩造胥服。每云:“得情之外,當别有出脱,方是與民更新。”至於稔奸巨蠹,則去之務盡。故車轍所至,無不愛之如父母者。

城將陷時,署中地出血,有白者,公責其妄。已而自見所坐處,血流數尺,叱之立隱。初至長,謁宋守李公芾祠,葺之,題詩壁上,有“許上多坐薪誰徙,正在中流楫自悲”之句。已而夢李公晤對相勞苦。今公祠去李祠數武,人謂公即李後身云。

聖安皇帝即位,贈公太僕寺少卿,廕一子入監讀書。隆武改元,晉贈太僕寺卿,賜謚忠毅,仍准立祠本鄉。公無子,以兄子知遠爲嗣,品行修潔,足世其家。

盧生曰:

余獲交忠毅公,蓋在癸酉之秋,吾兩人皆以棘闈試畢南歸,邂逅於蕭家渡,偶談契合,遂同行至洋中宿焉。各出文字相質,互相許可;公年纔十有九,竟夕商榷今古,不作一猶人語,余心折,遂與定交。越數日,而公登賢書矣。余鄉、會兩榜,皆後公一科;公每慰余曰:“豈有韓夫子而長貧賤者,吾輩相期,正不止此耳。”公止一女,余止一子,公殁後女歸豚兒爲婦,異姓而骨肉,吾兩人有焉。公嗣子知遠,忘余不文,流離顛沛之餘,命余爲公作傳。夫公忠義無論,即其文武全材,亦當爲張中丞之流亞,海内知之久矣。即余傳非阿其所好,要之,公固不藉余傳傳也。余所慨者,當奉旨立祠本鄉之時,鄉之人固已醵金欲鳩工矣,值福京傾覆而中輟。自是遂以俎豆忠義爲諱,至於今又有甚焉! 乘輿遠狩,正朔猶存,而吾鄉向來樹義旗者,易腸更態,霧黯雷同,以降爲是,以不降爲非;以勸人降爲是,以不勸人降爲非,即平日侃侃談名節者,亦爲兩可之說,曰:“身不降固忠,而勸人降未必非。”嗚呼! 是非者,萬世之公,一時無庸屑屑致辯。然海内有幾温陵,而一時情景變怪至此! 忠毅公英靈尚新,眷戀桑梓,憔惱憤懣,當何如也。

甲辰仲春,先君舟泊雷時已抱恙,自知不起,恐負諸責,力疾屬草,遂爲絶筆。嗚乎哉! 饒研垂淚記。

(《留庵文集》卷,盧若騰子饒研鈔本,藏福建省圖書館)

校點後記

《蔡忠烈公遺集》六卷，明蔡道憲著。

蔡道憲(一六一五—一六四三)，字元白，號江門，福建晉江塔江人。蔡道憲生於萬曆四十三年(一六一五)九月二十七日。曾祖蔡穀，祖蔡佐，父維忠，府經歷，有德行。母盧氏。兄弟三人，蔡道憲排行第三。嘗讀書虎頭山，夜分不寐，虎嘯窗外，蔡道憲依舊書聲不輟。屬文未嘗起草，剳牘累千言，援筆立就。

崇禎六年(一六三三)中舉人，十年會試第九名成進士，授大理府推官，丁父憂歸。十四年服闋，補長沙推官。清標素懷，捕盜安民有方，備禦戰守有策，民號“青天”。十六年七月，張獻忠陷岳陽，隨即逼攻長沙。八月，長沙城陷，蔡道憲浴血奮戰，被執，誘以官職，多方勸降，抗聲不屈。二十六日，磔之，磔且死，尤作恨聲，極爲壯烈，年僅二十九。湘、寧、瀏、醴諸縣聞蔡道憲死，無少長，皆悲慟失聲，朝夕哭奠。蔡道憲卒後，贈太僕少卿，後又加贈太僕寺卿，謚忠烈，建祠祀之。

蔡道憲文武雙全，《泉州府志》本傳稱：“道憲襟懷豪爽，文思敏妙。登山涉水，陟奥窮幽，興之所至，選場試馬，操舟攜妓，不諱風流。月白更闌，清歌徐引，談及古今興亡成敗，則反覆淋漓，感慨悲歌。嘗夢與文文山對榻，手抄文山詩集。或曰：‘此非盛世文，何愛焉？’而好之終不少衰。少讀《楚辭》，燕坐凝默，曼聲微引，聞之凄凄欲淚。識者謂其有楚音悲激，屈、賈後身。”

黄稷虞《千頃堂書目》著録蔡道憲《悔後集》一卷。《悔後集》，崇禎十五年(一六四二)梓，曹學佺爲之序，稱“公詩歌可與禰正平《鸚鵡賦》並存”。湘陰王立楷《讀蔡江門先生悔後集》二首，其一云：“大筆淋漓讀楚辭，文禽香草寄心知。忠魂未雪生前恨，正氣常留悔後詩。”其二云：“半世風騷宇内傳，懷人愛上洞庭船。文山氣骨常山舌,天遺裁詩二十年。”

朱彝尊《静志居詩話》卷二十云:“江門自序《悔後集》云:‘悔後者何?前日妄作詩,今而後悔也。悔後而復有集者何?吾但能焚前日之詩,今日之作且輯之以竢後日之再悔也。’其虚懷可見。詩雖音節未諧,而清婉越俗。如‘移竹已抽三尺筍,種桃争發一庭花’,又‘湘水清,紫藤花落魚子生’,皆不失爲佳句。”

陳田評其詩云:“集中詩,瀟灑出塵,不得以尋常聲律繩之。”《明詩紀事》選其詩三首,都是“瀟灑出塵”之作,在明季頗顯清新氣象。

今存《蔡忠烈公遺集》一卷,又《遺集續編》二卷,清道光十六年(一八三六)鄧顯鶴刻本。道光二十六年蔡應魁重刊《蔡忠烈公遺集》六卷,卷一傳記,卷二年譜,卷三墓誌銘、申文、行狀、墓表、祠記、祠田記,卷四序及詩上,卷五詩下、詞、賦、考異、跋,卷六輓詩,後序。

本書以道光二十六年本爲底本,參校十六年本。不確之處,敬請讀者指正。

編　者

二〇一九年三月

圖書在版編目(CIP)數據

蔡忠烈公遺集/(明)蔡道憲著;陳茗點校. —北京:商務印書館,2020
(泉州文庫)
ISBN 978-7-100-18267-6

Ⅰ.①蔡… Ⅱ.①蔡… ②陳… Ⅲ.①雜著—中國—明代 Ⅳ.①Z429.48

中國版本圖書館 CIP 數據核字(2020)第 050128 號

責任編輯 閻海文
特約審讀 李夢生

蔡忠烈公遺集
(明)蔡道憲 著

商 務 印 書 館 出 版
(北京王府井大街36號 郵政編碼100710)
商 務 印 書 館 發 行
山東韻傑文化科技有限公司印刷
ISBN 978-7-100-18267-6

2020年5月第1版 開本 705×960 1/16
2020年5月第1次印刷 印張 13.5 插頁 2
定價:70.00元